얼마나
힘들었니?

얼마나 힘들었니?

2021년 11월 01일 초판 1쇄 발행
2021년 11월 15일 초판 2쇄 발행

지은이 이기순
펴낸이 정영구
펴낸곳 비티비북스
편집 전정숙 김민정
등록 제25100-2017-000010

주소 서울시 동작구 성대로 14길 49, 102호(상도동)
전화 02) 811-0914
이메일 zeronine86@hanmail.net
페이스북 facebook.com/nurimiroom

디자인 정미영
인쇄 디자인화소

ISBN 979-11-91780-01-7 03330

정가 15,000원

얼마나
힘들었니?

이기순 지음

코로나 시대를
살아가는
청소년의 치유와
성장 이야기

너만의 잘못이
아니야

항상 자신보다 어린 사람은 철없고 부족해 보이는 것이 당연하다. 그런데 그것을 하나의 성장 과정으로 보고 이해심을 갖고 지켜봐 주며 올바른 길로 인도하는 어른이 있는가 하면, 반대로 기다려주지 않고 무시하며 비난하는 어른도 있다. 이기순 이사장님의 표현대로 많은 어른이 위기의 아이들을 이해하고 더 좋은 선택을 할 수 있도록 도와주기보다는 오히려 내 자식에게 나쁜 영향을 미칠까 봐 사회에서 분리하고 벌하기를 원한다는 점은 너무 안타깝다.

아프고 다친 아이들도 회복되고 변해야 하겠지만 우리 사회의 인식도 함께 변해야 한다. 우리의 잘못된 시선으로 위기의 아이들이 더 힘들어지고 쉽게 되돌아오지 못하고 있다. 이기순 이 사장님은 '너만의 잘못이 아니야'라고 위로하고 따뜻한 사랑의 시선으로 아이들을 바라보며, 사회 인식이 함께 바뀌기를 기대하고 있다.

이 책은 청소년에 대한 다양한 생각을 고민하고 정리해 보는 계기를 만들어주었고 정말 술술 잘 읽혔다. 어른들에게는 좋은 어른이 될 기회를 제공하고 위기의 아이들에게는 따뜻한 위로와 격려를 건넨다.

점점 심각해지는 사회의 유해환경으로부터 청소년은 보호받아야 한다. 그러나 유해환경이 정화되면 반드시 문제가 예방된다고 단정하기도 어렵다. 유해환경 정화에는 한계가 있으며 무해 상태의 사회환경은 실현 불가능하다. 오히려 유해환경에 대한 면역성과 저항력도 갖추지 못한 과잉 보호된 약자를 만들 우려마저 있다. 어떤 환경에 놓이더라도 악영향을 이겨낼 역량을 길러야 한다.

유해환경 속에서도 아이의 마음가짐과 주변의 노력에 따라 자신을 단련하고 능력을 키우는 좋은 조건으로 바꿀 수 있다. 따라서 청소년 보호 방법에서도 새로운 시각전환이 이루어져야 한다. 단순히 청소년을 유해환경으로부터 수동적으로 보호하는 차원에서 더 나아가 청소년 스스로 주체가 되어 제대로 된 환경을 만들어내는 적극적 차원까지도 포함해야 한다. 위기의 아이들이 이 책을 통해 끝내 이러한 방향성을 입증하는 산 증거가 되길 바란다.

정익중
이화여대 사회복지학과교수, 한국청소년복지학회장

새길을 찾는
아이들

코로나19로 사회가 봉쇄되고, 온라인 교육이 전면화되자 학생들이 학교에 가고 싶어 한다는 뉴스가 나왔다. 피식 웃음이 나왔다. 꾀병을 부렸던 어린 시절을 떠올린 사람들이 많았을 것이다. 코로나 이전, 학교를 떠난 청소년이 매년 5만 명이다. 그 학생들도 학교로 돌아가고 싶었을까, 생각해 봤다. 무학의 한을 넘어서려고 온 사회가 노력한 지 수십 년 만에 고등학교까지 의무

교육으로 포괄하려는 사회로 전환됐지만 아이러니하게도 학교
는 정보화시대에 필수가 아니라, 선택사항이 되고 있다.

　이기순은 '문제아'라며 손쉽게 손가락질하기 쉬운 청소년들
이 처한 가족 내부와 학교의 상황을 다양한 방식으로 묘사하며
공동체의 구성원들이 무엇을 해야 하고, 할 수 있는가에 대해 지
침을 주고 있다. 한국이 주요 선진국(G7)에 근접한 나라가 됐다
고 환호하지만, 경제 사회적 양극화 또한 심화해 고통받는 가정
들이 적지 않고, 청소년들이 그 고통을 물려받으며 살고 있다면,
개선할 방안을 찾는 것은 어른들의 몫이다.

　청소년이 미래라고 하지만 우리 어른들은 그 미래를 위해 무
엇을 권유하는가, 그들의 필요를 제공하는가, 사회의 필요를 강
요하는가, 깊이 고민할 과제를 던져주고 있다.

문소영
서울신문 논설위원

그동안 얼마나 힘들었니?
지금 얼마나 힘드니?

"아직 너무 예쁘다!" 이 책에는 위기의 아이들을 바라보는 저자의 따뜻한 시각이 고스란히 담겨 있다. 여러 가지 이유로 어려움을 겪고 있는 청소년 누구도 비난받아서는 안 된다. 마음의 빚은 저자뿐 아니라 우리 모두 지고 있다. '아직 예쁜 너무 나도 예쁜' 이 아이들을 위기로 몰아세운 책임은 우리 모두에게 있다. 이들은 아직 너무 예뻐서 우리에게 도저히 짐이 될 수 없는, 우리가 마음으로 보살펴야 하는 존재다. 책임은 그들 부모에게만 있는 것이 아니다. 우리 모두의 책임이며, 우리에게 사회적 돌봄의 의무가 있다.

저자는 위기에 처한 아이들이 느끼는 마음의 고통과 상처를 세밀하게 그려 놓고, 그들을 돌보기 위한 사회적 돌봄 서비스가 어떻게 이뤄지고 있는지 한 편의 그림을 보듯 잘 조망해주고 있다. 오래 중앙부처와 일선 청소년 사업 추진기관의 장을 역임한 경력이 없으면 써 내려갈 수 없는 글이다. 이렇게 시선과 마음을 사로잡는 글은 경륜만으로는 쓰기 어렵다. 그동안 얼마나 힘들었니? 지금 얼마나 힘드니? 한 줄 한 줄의 글에 아이들에 대한 애정이 담겨 있다. 청소년 문제에 관심 있거나 관련 업무에 종사하는 분들에게 꼭 추천하고 싶은, 마음이 행복해지는 책이다.

김현철
한국청소년정책연구원장

나를 믿어 주는
한 사람

영화 〈캐치 미 이프 유 캔〉은 실화이다.

주인공 프랭크 애버그네일 주니어는 16세에 가출해서 나이를 10살 올려 신분 상승(?)을 하고 상상도 못 할 사기 행각을 벌인다. 수표를 위조하면서 비행기 조종사, 의사, 변호사 등 전문직의 일을 해낸다. 그러기 위해서 열심히 공부하고 연구해서 아무에게도 작은 의심조차 받지 않는다. 그러나 그를 수표 위조범으로 확신한 FBI 요원이 계속해서 뒤를 쫓는다. 그는 결국 붙잡혀 12년 실형을 받고 수감되지만, FBI의 업무를 도와 다른 위조

범들을 잡고, 큰 기업들의 수표 위조를 방지하는 일에 조력한다. 법을 어기는 자에서 지키는 자로 변화한 것이다. 그가 그렇게 되기까지는 그의 곁에 그를 믿어 주는 FBI 요원이 있었다.

이렇듯 불우한 청소년 시기를 보냈지만, 부와 명성을 거머쥔 이들이 꽤 있다. 미국 배우 할리 베리도 쉼터에서 생활했다. 그녀는 아카데미 여우주연상을 받았는데, 오랫동안 유색인종으로는 거의 유일한 수상자였다. 재즈 가수인 엘라 제인 피츠제럴드도 불우한 청소년기를 거리에서 방황했고, 쉼터에서 생활했다. 그런 그가 그래미상을 13번이나 받았고 레이건과 부시 대통령으로부터 각각 훈장을 받았다. 사후에는 미국 우표에 등장할 정도로 존경받는 인물이 되었다. 이들은 둘 다 쉼터 등 청소년안전망을 거쳤다. 그리고 더 중요한 것은 그들에게 믿어 주는 어느 한 사람이 있었기에 그들이 그런 성취를 이룰 수 있었다.

아이들에게 세상은 공정하지 않다. 부모를 선택할 수 없듯이 청소년기를 어떻게 보낼 것인가를 선택할 여지가 없다. 그저 주어진 환경에 놓여 있는 그들은, 자신의 거죽이 너무 힘겨울 때 어른도 그렇듯이 비행을 저지른다.

이 책은 길 잃은 아이들을 도와줄 충실한 가이드북이다.

부모가 처음이라 양육이 어려운 이들을 위한 부모교육 정보나 위기청소년을 지원하는 청소년쉼터, 국립청소년디딤센터 등 아웃리치를 통한 '학교 밖 청소년'을 위한 현실적인 지원, 심지어 대학입학 정보까지도 상세히 소개되어 있다. 사전지식이 없던 일반인들도 이 책을 보면 허둥대지 않고 전문가 못지않게 아이들을 도와줄 수 있다.

아이들은 어른들을 보며 스펀지처럼 모든 것을 흡수한다. 남을 대하는 법, 특히 약자를 대하는 법도 우리를 보고 따라 한다. 우리는 아이들을 진심으로 대할 수 있다. 위기의 아이들도 그냥, 마냥, 오롯이 예쁘기 때문이다.

김미경
금융위원회 외신대변인, 전 펄벅재단 한국대표

청소년기 아이들은 다 예쁘다. 바른길을 벗어나 조금 잘못된 길에 서 있어도 그저 다 예뻐 보인다. 내 자식이건 아니건 다 그렇다. 설사 잠시 거짓말을 하거나 한순간 폭행을 범하고 비행청소년이 되었다 하더라도 순수한 모습을 감추지 못하는 그들은 다 예쁘다. 십 대 미혼모이거나 성폭력 범죄에 노출됐던 청소년, 집을 나온 가정 밖 청소년이라도 늘 우울한 얼굴만 하고 있지는 않다. 잠깐의 실수로 어려움을 겪고 있기는 해도 숨길 수 없는 그 나이대 아이들의 해맑은 얼굴로 다시 공부하려 하고 친구들과 수다도 떨며 떳떳하게 돈을 벌 방법을 고민한다. 그러나 우리 사회는 이들을 예쁘게 보지 않는다. 다 문제라는 범주로 묶어서 정상궤도로 돌아오기 힘든 아이들이라고 생각한다. 실수를 좀 크게 했거나 제도권 학교에 적응하지 못하고 다른 행동을 했을 뿐인데, 이들을 이해하고 다른 선택을 할 수 있도록 도와주려고 하기보다는 내 자식에게 나쁜 영향을 미칠까 봐 사회에서 분리하고 벌하기를 원한다.

십 대라는 나이는 자기 길에서 돌이켜 돌아올 가능성이 상당히 큰 시기다. 다만 그들이 잘못된 생각을 하고 위험한 행동을 할 때도 그들 곁에서 지지하며 따뜻한 관심과 사랑을 주는 사람이 있을 때만 가능한 이야기다.

이 책에서는 이런 변화 가능성을 지닌 청소년들의 이야기를 해보려고 한다. 먼저 청소년들이 맞닥뜨린 다양한 어려움과 문제들을 △학교의 규범적인 틀을 벗어나기 위해 학교를 그만둔 청소년 △가정폭력을 견디다 못해 집을 나온 청소년 △자신도 모르게 인터넷이나 스마트폰에 빠진 청소년 △사는 게 힘들고 괴로워서 자살 또는 자해를 하려는 청소년 △학교폭력을 당하거나 왕따를 당하는 청소년 등 9가지 분야로 나눠 보고, 구체적으로 그들이 왜 이런 어려움을 겪게 됐는지, 어떻게 고민하며 해결의 실마리를 찾게 됐는지, 또 그 과정에서 누구의 도움을 받았는지, 이런 청소년들을 발굴하고 지원하는 과정에서 부족하고 아쉬운 점은 무엇이었는지를 이야기할 것이다.

이 책을 만들면서 청소년상담복지센터, 학교밖청소년지원센터, 청소년쉼터 등 다양한 기관에서 도움받고 있는 청소년들과 이들을 지원하는 실무자들을 직접 만났으며, 한국청소년상담복지개발원이 제작한 수기와 사례들도 참조했다.

더불어, 최근 코로나를 겪으면서 청소년들이 겪고 있는 어려움,

정신건강 문제 등을 짚어 보고, 이를 지원할 수 있는 회복탄력성과 같은 마음 근력 강화 방안은 물론, 필요한 상담복지 서비스의 제공 방안도 함께 제안했다.

책을 집필하는 과정에서 따뜻한 격려와 함께 자료수집, 원고 수정에 도움을 준 한국청소년상담복지개발원 노성덕, 양미진, 서미 본부장님에게 깊은 감사의 마음을 전한다. 또한 정서행동문제 청소년들의 치유과정과 경험을 공유하며 관련 자료를 제공해 준 국립중앙청소년디딤센터 이혜정 원장님과 청소년 지원 현장의 생생한 경험을 공유해 주고 책 집필과정 내내 여러 차례 꼼꼼하게 교정을 봐 주며 조언을 아끼지 않았던 청소년상담복지개발원 전미진 선임상담원님에게 특별한 감사의 말씀을 드린다. 그 밖에도 교정작업을 함께해준 김래선, 김미정, 김세진 부장님의 노고에도 감사드린다. 아울러 책을 발간하는 데 용기를 북돋아 준 청소년상담복지개발원 홍보담당 김해정 선생님, 타지인 부산 생활에 적응하는 데 도움을 준 김나경, 하원정 선생님을 비롯한 비서실 직원들, 위기청소년 지원이라는 기관의 사명을 다하기 위해 헌신적으로 일하고 있는 청소년상담복지개발원 모든 직원에게 감사의 말씀을 드린다.

너무 힘들어 아직 신발 끈도 다 묶지 못한 채 출발조차 하지 못한 청소년들, 어렵게 출발했지만 가던 길에서 넘어져 버린 청소년들, 많은 사람이 가지 않은 길을 선택했기에 헤매고 있는 청소년들….

이들이 다시 갈 수 있는 길을 열어주는 것이 우리 사회공동체의 역할이자 책무다. 길을 벗어난 청소년들에게 사회가 따뜻한 관심과 사랑을 기울일 때, 그들 스스로 길을 만들고 변화하며 성장 잠재력을 발휘할 수 있으리라 믿는다. 인구절벽시대를 살아가고 있는 우리 사회에서 위기청소년들이 제대로 치유 받고 성장할 수 있도록 돕는 일은 출산율 제고 못지않게 중요한 일이라는 것을 기억해야 한다.

모쪼록 이 책이 우리가 낳아 키우는 자녀들이자 우리 사회가 함께 책임져야 할 청소년들의 문제에 보다 귀 기울이고 따뜻한 시선을 보낼 수 있는 계기가 되기를 바란다. 또 코로나 시대를 살며 자녀들과 갈등을 겪고 있는 부모님이나 보호자에게도 유용하게 활용되어, 부모와 청소년들이 모두 용기 내어 길을 찾아가는 여정을 시작할 수 있기를 바란다.

끝으로 책을 집필하는 힘든 여정을 동행하며 지원을 아끼지 않았던 사랑하는 남편 임헌문 씨와 딸 경진, 코로나19로 외출도 못 하고 군인의 직무를 묵묵히 다하고 있는 아들 경수에게 감사의 마음을 전한다. 평생 직장생활을 하는 딸이자 며느리를 응원하며 지금까지 넘치는 사랑을 주고 계시는 친정어머니 민옥순 여사님과 시어머니 안옥근 여사님께도 깊은 감사와 존경의 마음을 전한다.

※ 책에 소개된 청소년들의 사례는 특정 인물이나 실제 사례와 관계없는, 실제 상담 사례들을 종합한 뒤 약간의 허구를 더해 재구성한 내용임을 밝힌다.

차례

또래와 함께 성장하는 아이들,
자녀와 함께 성장하는 부모들

포스트 코로나 시대와 청소년

1장

다른 길 위의 아이들

학교 밖 아이들

청소년은
다 학생인가요?

　대학 진학을 꿈꾸던 학교 밖 청소년인 A는 원하던 학교·학과에 지원하려고 논술 고사를 준비했다. 논술 고사 당일 학교 측에서는 신분증을 요구했고, A는 청소년증을 제시했다. 학교 측에서는 청소년증은 신분증이 아니라고 했고, 당황한 A는 청소년증이 신분증으로 인정받지 못하는 이유에 대해 항의했다. 같이 논술 고사를 치르던 수험생들이 A를 쳐다보기 시작했고, A는 마치 시험을 방해하는 존재가 된 것 같아 창피하고 낯 뜨거워서 시험을 제대로 치를 수가 없었다.

—

　평소 영상 제작에 관심이 많았던 B는 지역 신문사에서 주관하는 영상공모전에 참가하고 싶었지만, 현실은 그럴 수 없었다. 이유는 해당 공모전의 참가 자격 기준이 '전국 초·중·고등학생'이어서, 학교 밖 청소년이었던 B는 해당 기준에 포함되지 않았기 때문이다. 혹시나 하는 마음에 공모전 주최 측인 신문사에 연락해서 학교 밖 청소년이 참가해도 되는지 물어보니, 현재 학교에 소속된 학생이 아니어서 공모전 참가 자격 기준에 해당하지 않는다는 답변을 들었다.

대한민국 헌법은 누구든지 성별·종교 또는 사회적 신분에 따라 정치적·경제적·사회적·문화적 생활의 모든 영역에서 차별받지 않도록 규정하고 있다. 그러나 학교 밖 청소년은 학생이 아니라는 이유로 청소년으로서 누려야 할 권리를 누리지 못하고, 차별 대우를 받으며 불편한 삶을 살고 있다.

해마다 약 5만 명의 청소년들이 다양한 이유로 학교를 그만두고, 전체 23만여 명(2020년 기준)의 청소년들이 학교 밖에서 삶을 꾸려가고 있다. 2018년 여성가족부가 실시한 학교 밖 청소년 실태조사 결과에 따르면, 이들이 학교를 그만둔 후 겪는 가장 큰 어려움은 학교에 다니지 않는 것에 대한 사람들의 선입견이나 편견, 무시(39.6%)라고 한다.[1] 완고한 사회 통념이 '학교 자퇴'를 '정상적인 과정을 벗어난 상태'라고 인식하게 만드는 것이다. 그래서 많은 학교 밖 청소년이 '학교가 감당하기 어려워 내팽개친 문제아', '제 발로 제도권 교육을 박차고 나온 이단아'라고 보는 시선에서 벗어날 수 없다. 또한 문제청소년, 비행청소년으로 보는 이런 시선만큼이나 학교 밖 청소년을 좌절하게 만드는 것은, '학생'이 아니라는 이유로 많은 기회의 문이 닫혀 있는 현실이다. 각종 대회와 공모전에서 참가 자격이 제한되거나, 문화시설을 이용할 때 학생증이 없어서 할인 혜택을 받을 수 없는 경우는 부지기수다. A의 사례와 같이 학교 밖 청소년이 학생증 대신 사용하는 청소년증을 공적인 신분증으로 인정하지 않는 시험장 등에서 겪는 불편함도 크다. 학교 밖 청소년 인구가 계속해서 증가하고 있는데도 우리 사회는 '학생이 아닌 청소년이 있다'는 사실을 쉽게 간과하며, 십 대 아이들은 누구나 학생이라는 가정에서 만들어진 사회제도의 틀 속에 살게 한다.

한국청소년상담복지개발원은 2015년 「학교 밖 청소년 지원에 관한 법률」이 제정된 이래, 학생 참여 공모전 및 대회에 동일 연령대의 학교 밖 청소년들도 참여할 수 있도록 계속해서 시정 조치를 해 왔다. 그 결과, 학교 소속으로만 참여할 수 있었던 전국체전에 학교 밖 청소년도 참가할 수 있도록 대한체육회 규정의 개정을 유도하는, 의미 있는 성과도 이루어냈다. 또한 청소년증에 대한 인지도와 활용도를 높일 수 있도록 하는 홍보 활동과 함께 청소년증 사용 혜택을 확대하는 데도 노력을 기울여 왔다. 2019년에는 '학교 밖 청소년 인식 개선 UCC공모전'을 열어, 다양한 채널을 통해 수상작을 홍보함으로

써 학교 밖 청소년에 대한 사회 전반의 인식을 개선하는 활동을 추진하고 있다.

이런 노력에도 불구하고, 아직도 학교 밖 청소년에 대한 우리 사회 구성원들의 시선은 차갑고 날카로운 것이 현실이다. 이들은 학교가 아닌 다른 곳에서 자신의 꿈을 펼쳐 보려고 남들과 다른 선택을 한 청소년들이다. 그런데도 학교 밖 청소년을 문제가 있어서 학교에서 뛰쳐나온 것으로만 보는 부정적인 시각도 문제고, 각종 대회 및 자격시험, 사회·문화 활동에서 참여 자격과 혜택마저 제한하는 것은 이들이 성장할 기회를 차단하는 일이다.

학업을 중단하는 청소년이 매년 5만 명이나 쏟아져 나오고 있는데 우리 사회가 학교 밖 청소년의 성장을 포기한다면 너무 많은 것을 잃게 되는 것은 아닐까? 이들이 지지받을 수 있는 성장 환경을 만들어 주는 것이야말로 인구 절벽 시대를 살아가는 우리 사회의 마땅한 과제이자 의무다.[2]

지역의 한 학교밖청소년지원센터
(꿈드림센터)

왜 학교를
그만두는 걸까?

　이혼가정, 왕따, 자퇴생…, 모두 C를 표현하는 단어였다. C는 갓난아이 때 부모님이 성격 차이로 이혼해 아빠와 살게 됐지만 실제로는 아빠 대신 할머니 집에서 자랐다. 아빠는 회사가 멀다는 이유로 집에 거의 오지 않았고, 엄마 역시 어려서 헤어진 뒤 연락조차 없었다. 할머니는 너무 연로하셔서 C에게 거의 관심을 기울이지 못했다. 그 때문에 C는 밥도 혼자 알아서 차려 먹고 혼자 노는 데 익숙해지면서 점점 외로움과 친해졌다.

　초등학교에 입학해서도 친구들과 어울리지 못하고 따돌림을 당했다. 중학생이 돼서도 왕따라는 소문이 돌아 다시 따돌림이 이어졌다. 집에서도 학교에서도 늘 혼자였던 C는 자신의 현실이 견딜 수 없을 만큼 힘들었다. 학교 선생님에게 힘들다고 말하고 싶었지만, 왠지 자기편이 아닌 것 같아서 내키지 않았다.

　그러다가 어느 날 수업 시간이었는데, C가 과제를 제대로 준비했는데도 선생님이 C에게 잘못했다면서 공개적으로 야단을 쳤다. 억울한 마음에 따지고 싶었지만, 또 망신을 당할까 봐 말도 못 꺼냈다. 아빠, 엄마, 선생님, 친구들이 원망스러웠다. C는 이런 현실이 견딜 수 없이 힘들었고 죽고 싶다는 생각마저 들었다. 반항심이 들어서 학교에도 가지 않았다. 겁이 났지만 이렇게라도 하면 다들 자신에게 관심을 주지 않을까 생각했다. 하지만 무단결석하는 날이 점점 길어지면서 결국 C는 준비되지 않은 자퇴의 길을 가고 있었다.

원하는 것을 배우려고 학교를 그만두는 아이들도 있지만, C처럼 불우한 집안 사정 때문에 학교를 그만둘 수밖에 없는 청소년들도 상당수다. 어릴 때부터 화목한 가정에서 태어나 부모나 보호자의 사랑을 많이 받은 아이들은 대부분 건강하게 성장한다. 그러나 어린 시절부터 부모의 싸움을 자주 보고 자랐거나, 알코올 중독이나 게임 중독에 빠진 부모가 가정을 제대로 돌보지 않고 폭언과 폭력을 일삼는다거나, 학교생활에서 오는 스트레스에 가정 문제까지 더해지는 경우 아이들은 가출을 시도하게 되고 학교까지 그만두게 될 확률이 높아진다.

중학교를 졸업하고 고등학교에 진학하지 않은 D는 학교폭력 피해 청소년이었다. 중학생 시절 D는 이른바 '일진'들에게 매일 돈을 빼앗겼고, 돈이 없으면 갖은 욕설과 폭력을 당하기 일쑤였다. 부모님에게 학교에 가기 싫다고 말했지만 도리어 혼이 났고, 학교 선생님에게 도움을 요청하고 싶어도 일진들의 보복이 무서웠다. 이미 친구들 사이에서는 '찌질이'로 통했고, 누구에게도 도움을 받을 수 없었다. 학교에 가는 게

너무 무서웠던 D는 등교를 거부하고 집에 틀어박혀 게임만 하면서 지냈다. 부모님과의 갈등은 점점 심해졌지만, 게임 속 세상에서는 행복을 느꼈고 심지어 다른 사람들의 관심과 인정도 받았다. 중학교는 가까스로 졸업했지만, 결국 학교라는 현실 세상에서는 점점 더 멀어져만 갔다.

학교폭력 피해 청소년인 D처럼 친구가 무서워서, 학교 가기가 두려워서 등교를 포기하는 청소년들이 적지 않다. 2018년 여성가족부가 시행한 학교 밖 청소년 실태조사에 따르면, 학교를 그만둔 이유로 가장 많이 꼽힌 것은 '학교에 다니는 게 의미가 없어서(39.4%)'였고, 다음으로는 '원하는 것을 배우기 위해(23.4%)', '검정고시를 준비하기 위해(15.5%)', '특기를 살리기 위해(15.3%)'였다.[3] 청소년들이 학교를 그만두는 시기는 고등학교 때가 가장 많았고, 다음으로 중학교, 초등학교 순이었다.[4]

이처럼 대부분의 학교 밖 청소년은 학교생활에서 의미를 찾지 못할 때, 또래 관계 문제에 경제적 어려움이나 불안정한 가정 문제들이 더해졌을 때, 스스로 감당하기 어려운 스트레스 상황에 빠지면서 학교를 그만두게 된다.[5]

"저도 뭔가가 될 수 있죠?"
다시 꿈꾸는 아이들

   고등학교 시절 학교폭력으로 왕따를 당했던 E는 현실의 어려움에서 도피하고 싶어서 인터넷 게임에 몰두하기 시작했다. 밤새도록 게임을 하다 보니 학교 가는 것이 귀찮아졌고, 정해진 무단결석 일수까지 넘기게 되자 결국 자퇴를 선택했다. 처음 자퇴한 뒤에는 자유를 얻은 것 같아서 마음껏 게임만 하면서 시간을 보냈다.

   그렇게 6개월 정도 지나자 살이 찌고 건강도 나빠진 자신이 보이기 시작했고, 현실에서 아무것도 못 하는 자신을 깨닫게 된 E는 덜컥 겁이 났다. 그때 문득 자퇴하기 전에 알게 된 학교밖청소년지원센터인 '꿈드림센터'가 떠올랐다. 용기를 내어 연락했고 꿈드림 선생님들은 반갑게 E를 맞아 주었다.

   센터에서 상담을 받은 E는 검정고시를 준비하기로 했다. 오랜만에 하는 공부라서 힘은 들었지만, 같이 공부하는 친구들과 이야기를 나누면서 견딜 수 있었다. 평소에 사진 찍는 것을 좋아하던 E는 어느 날 선생님이 소개해 준 영상 제작 프로그램으로 사진 촬영과 동영상 편집 기술까지 배웠다. 그리고 센터에서 알게 된 친구들과 함께 지역에서 주최하는 영상 제작 공모전에 참여해 은상을 받았다. 열심히 준비했던 검정고시에도 합격했다.

학교 밖 청소년이 지원센터를 통해 자신의 꿈을 되찾는 사례가 점점 늘어나고 있다. 2015년부터 전국 시·군·구에 세워지기 시작한 학교밖청소년지원센터(약칭 : 꿈드림센터)는 학교 밖 청소년이 자기 길을 찾도록 상담, 학습 및 자립 지원 활동을 하는 곳이다. 여러 경로로 꿈드림센터를 찾게 된 청소년은 자신의 꿈을 실현하는 데 필요한 구체적인 노력을 하게 된다. 2021년 현재, 전국 220개소의 꿈드림센터에서 매년 5만여 명의 청소년들이 검정고시에 합격하거나 대학에 진학하거나 직업체험을 하면서 자신의 길을 찾아가고 있다.

학교를 그만둔 청소년 가운데에는 아침 일찍 일어나서 일상을 시작하는 규칙적인 생활에서 멀어진 경우가 많다. 하지만 꿈드림센터 선생님의 관심과 지도를 받으면서 규칙적인 생활 습관을 익히게 된다. 꿈드림센터 선생님들은 이런 생활 습관이 몸에 배게 하는 것이 가장 중요하고도 힘들다고 입을 모은다. 학교에 다니면 규칙적으로 생활하는 것이 당연한데, 학교에 가야 한다는 의무감에서 벗어난 청소년들은 대부분 일상의 규칙이 깨져서 게으름의 늪에 빠지게 된다.

'한 아이를 키우려면 온 마을이 나서야 한다'는 아프리카 속담은 어린아이뿐만 아니라 청소년, 특히 학교 밖 청소년들을 보듬는 데도 그대로 적용돼야 할 것이다. 대가족 제도에서는 부모에게 문제가 있더라도 그 자리를 대신해 줄 다른 가족 구성원들이 있었다. 예를 들면 할아버지, 할머니, 고모, 이모, 삼촌들이다. 하지만 지금은 부부 관계가 나빠지면 부모를 대신해 줄 사람을 가족 관계 안에서 찾기 어렵다. 따라서 이웃을 비롯한 지역사회가 아이들의 성장에 관심과 애정을 기울이고 돌봐 주어야 한다.

성장기에 있는 아이들은 진실한 사랑과 관심을 주는 사람을 만나야 변할 수 있다. 무엇을 하고 싶은지 목표를 가질 수 있도록 도와주면, 그들도 목표를 향해 달릴 수 있는 에너지와 내재적 역동성을 발휘하게 된다. 스스로 살아남으려는 자생력을 발휘하는 것이다. "선생님 저도 뭔가가 될 수 있죠?" 아이들이 이렇게 물을 때 꿈드림센터 멘토들은 가슴이 뛴다고 한다.[6]

학교를 그만두고 불안정한 감정에 빠져 있던 청소년들은 학교와 사회의 중간 단계라고 할 수 있는 꿈드림센터에서 안정감을 되찾는다. 그리고 이전에 경험하지 못했던 또래와의 진솔한 만남을 통해 관계를 회복하고, 청소년의 발달 과업을 다시 시작하게 되며, 멘토로 만난 다양한 사람들의 직업 세계를 경험하면서 미래에 대한 시야를 넓혀 간다. 더불어 자신을 지지해 주는 또래와 선생님, 멘토와 동행하는 관계 속에서 갈등을 풀어나가는 유연성을 배우고, 회피했던 어려움과 스트레스에 맞서서 세상을 살아가는 지혜와 힘을 기르게 된다.[7]

예술 체험과 진로 탐색으로
'내 길'을 찾는 아이들

a 지역의 한 학교밖청소년지원센터에서는 매달 학교 밖 청소년 미술 공모전이 열린다. 공모전에 당선된 작품은 센터의 복도에 전시된다. F는 자신의 그림이 전시장에 내걸린 것을 보고 기쁨을 감추지 못했다. 벌써 작가가 된 것 같았다. 학교에서는 아무도 자기 그림을 알아봐 주지 않았는데 학교밖청소년지원센터에서는 자신의 재능을 인정해 주는 것 같았다. 그래서 F는 매일 서너 시간씩 그림 연습을 한다. 그림을 그리면서 주변 친구들도 관심을 보이는 게 느껴졌다. 이제 F는 더 이상 외톨이가 아니다.

베네수엘라 청소년 오케스트라 '엘시스테마'는 문화예술 교육을 통해 개인과 공동체, 사회를 변화시킨 대표적인 사례로 꼽힌다. 1975년 마약과 범죄, 빈곤에 시달리던 아이들이 베네수엘라의 한 허름한 창고에 모여 총 대신 악기를 들고 음악을 배우기 시작했다. 수십만 명의 아이들이 오케스트라 연주를 통해 마약과 범죄의 유혹에서 벗어나 삶의 목표를 회복했고, 기쁨과 희망을 찾기 시작했다. 이는 당시 베네수엘라 사회의 범죄율이 떨어진 기적 같은 사례로 알려져 있다.

이 사례에서 보는 것처럼 청소년들은 문화예술 체험을 통해 자아정체감을 찾아가며 긍정적인 방향으로 변화해 간다. 학교 밖 청소년들도 예술 체험과 진로 탐색을 하며 자존감을 높여 나간다. 자존감이 바닥이었던 아이들도 바리스타 자격증을 따거나 악기를 배우면서 자신의 재능을 발견하고, 자존감을 회복한다.

문화체육관광부 산하 문화예술교육 전문 기관인 한국예술교육진흥원은 학교 밖 청소년들도 예술적 체험을 할 수 있도록 매년 꿈드림센터를 통해 악기, 국악, 난타, 디자인, 공예, 연주, 합주, 연극, 뮤지컬, 무용, 사진, 애니메이션, 문학, 예술 등 다양한 교육을 제공하고 있다.

한국청소년상담복지개발원은 학교 운동회에 참여하지 못하는 학교 밖 청소년들에게 체육 활동의 기회를 제공하려는 목적으로 지난 2019년부터 'Y.E.S 꿈드림 축제'를 진행하고 있다. 전국의 학교 밖 청소년들이 참여하는 일종의 체전이다. 다만 2020년과 2021년에는 코로나19 사태의 영향으로 온라인 축제로 진행했다. 이 밖에도 학교 밖 청소년들이 자신의 재능을 뽐낼 수 있는 사진전, 미술전 등이 곳곳에서 열리고 있다.

b시에 거주하는 한 청소년은 성취감을 느낄 수 있는 일이 뭐가 있을까 생각하다가, 경종耕種과 축산을 병행하는 순환농업에 관심이 생

겼다. 열심히 일하고 땀 흘려 1년 동안 일한 보상을 땅에서 거둔다는 게 매력 있었고 뜻 깊은 일인 것 같았다. 그래서 한국청소년상담복지개발원과 농어촌장학재단이 주관하는 장학금 지원사업에 지원서를 냈고 수여자로 선정됐다. 장학금으로 염소와 가축 시설, 사료 등 농사에 필요한 여러 가지 도구를 구매했고, 현재 경종과 염소 키우기를 병행하고 있다.

경남 c군에 거주하고 있는 한 청소년은 장학금으로 자신이 도전하고 싶었던 굴착기 운전기능사 자격증을 취득했다. 지금은 지게차 운전 자격증 취득에 도전하겠다며 장학금을 받아 준비하고 있다.

학교 밖 청소년들은 일찍 취업하겠다는 생각에 각종 자격증 취득에 도전하거나 자신의 적성에 맞는 진로를 탐색한다. 미용사 자격증을 취득한 후 메이크업 국가자격증에 도전하는 청소년이 있는가 하면, 마술을 배워 마술올림픽에 진출하겠다는 꿈을 키우는 청소년도 있다. 스마트폰 사진 촬영 기술을 배웠던 한 청소년은 마이크로소프트 오피스 활용 능력을 측정하는 국제자격시험에 도전하겠다는 목표를 세웠다.

학교 밖 청소년도
대학 입학 '수시 전형' 지원이 가능한가요?

"상위권 대학에 진학하기를 원하는 학교 밖 청소년들은 모집 비율이 70%에 육박하는 수시 전형에서 소외되어 정시라는 30%의 바늘구멍을 통과하기 위해 경쟁해야 해요. 특히 생활기록부와 자기소개서를 중심으로 입학생을 선발하는 학생부 종합전형은 학생부가 없는 학교 밖 청소년에게는 아예 지원조차 불가능한 전형이에요."[8]

몇 년 전만 해도 학교에 다니지 않는 청소년은 학교생활기록부가 없어서 대입 수시 전형에는 응시할 수 없었다. 그러나 2018년 학교 밖 청소년 권리 침해사례 공모전에서 수상한 어느 학교 밖 청소년의 절실한 심정을 담은 이 이야기는 청소년생활기록부 사업의 시발점이 됐다.

그동안 검정고시 출신자에게도 대학 입시 전형을 확대해 달라는 요구는 꾸준히 이어져 왔다. 이와 관련해 헌법재판소는 2017년 검정고시 출신의 수시 입시 지원 자격을 제한하는 교육대학의 입시 요강이 학력 차별에 해당한다며 위헌 결정을 내리기도 했다. 그런데도 대학들이 학생부 종합전형 제출 서류로 교내 생활을 기록한 학교생활기록부만을 요구해서, 생활기록부가 없는 학교 밖 청소년들은 지원 자체가 불가능했다.

이에 한국청소년상담복지개발원은 한림대학 등 5개 대학이 한국대학교육협의회의 지원을 받아 추진한 「공정한 평가를 위한 학생생활기록부 대체 서류 개발연구」에 참여해 함께 연구를 진행했다. 또한 이를 바탕으로 지역에 있는 학교밖청소년지원센터를 통해 청소년생활기록부 지원사업을 시작했다.

학교생활기록부 양식을 기반으로 만들어진 청소년생활기록부는 학교밖청소년지원센터에서 해온 다양한 활동을 인적 사항, 출결 사항, 수상 경력, 자격증 취득 상황, 창의적 체험 활동 상황(자율 활동, 동아리 활동, 봉사 활동, 진로 활동), 학업 노력 상황, 독서활동 상황, 행동특성 및 종합 의견 등 총 8가지 항목으로 나누어 기재하도록 했다.

2020년 서울과학기술대학교, 국립강릉원주대학교, 한림대학교, 차의과학대학교 등 4개 대학이 학교밖청소년지원센터에서 작성한 청소년생활기록부를 학교생활기록부 대체 서류로 인정했다. 학교 밖 청소년에게도 수시 전형의 길이 열린 것이다. 그 결과, 76명의 학생이 응시해 24명이 1차에 합격하는 성과를 거뒀다. 더불어 2022년에는 서울대학교와 한경대학교도 학교 밖 청소년 수시 전형에 참여하기로 했다. 이는 학교 밖 청소년들도 대학 진학 과정에서 자신의 경험과 노력을 드러낼 수 있는 공정한 기회를 갖게 됐다는 점에서 큰 의미가 있다.

학교 밖 청소년이 받을 수 있는 지원

학교 밖 청소년이란?

초·중학교 입학 후 3개월 이상 결석하거나 취학 의무를 유예한 청소년, 고등학교에서 제적·퇴학 처분을 받거나 자퇴한 청소년, 상급 학교에 진학하지 않은 청소년, 학업 중단 숙려 대상 등 잠재적 학교 밖 청소년을 의미한다.

상담 지원

대상은 학교 밖 청소년과 그 가족 또는 보호자다. 학교를 떠난 학교 밖 청소년은 심리적 어려움을 제대로 해결하지 못하고 혼자 고민하고 힘들어하는 경우가 많다. 이들을 위해 학교밖청소년지원센터, 청소년상담복지센터, 청소년상담 1388, 청소년사이버상담센터 등은 학교 밖 청소년에게 개인 상담, 전화 상담, 사이버 상담, 심리검사, 청소년동반자가 찾아가는 상담 등 전문적인 상담 서비스를 제공하고 있다.

교육 지원

크게 검정고시를 통한 학력 취득과 복교, 대안학교 입학, 방송통신중·고등학교 입학, 상급 학교 진학 등으로 이루어진다.

• 검정고시 지원 초졸, 중졸, 고졸 학력을 인정받을 수 있는 공식적인 시험으로 연간 2회 응시 기회가 있다. 각 지역의 학교밖청소년지원센터에서는 학교 밖 청소년의 수준을 고려해 일대일 학습과 멘토 수업, 소그룹 검정고시 대비반을 운영하고 있으며, 검정고시 모의시험도 실시한다. 이와 함께 상급 학교 진학이 목표인 학교 밖 청소년을 대상으로 대학 진학 설명회도 개최하고 있다. 꿈드림

센터를 이용하고 있는 학교 밖 청소년의 대학 진학 인원은 매년 증가하고 있으며, 2020년에는 1,376명이 대학에 진학한 것으로 나타났다.

- 복교 및 대안학교 입학 재입학 또는 편입학을 통해 이뤄지며 관내 교육청과 해당 학교에 문의해 반드시 정확한 입학 절차를 확인해야 한다. 대안학교는 설립 목적과 운영 방법이 저마다 다르므로 개인에게 맞는 학교를 찾는 것이 매우 중요하다.

진로 및 취업 지원

대표적으로 여성가족부가 주관하는 내일이룸학교, 직업역량강화프로그램, 고용노동부의 취업성공패키지 등이 있다.

- 내일이룸학교 만 15세 이상 24세 이하 학교 밖 청소년에게 맞춤형 직업 훈련을 실시해 성공적인 사회 진출과 자립을 지원한다. 전국의 여러 직업훈련기관에서 1년 미만의 정해진 과정 동안 바리스타, 애견, 조리, 미용, 기계 가공 등 다양한 분야의 기술을 익히게 된다. 교육 수료생에게는 취업 관련 정보가 제공되며 취업 기회도 얻을 수 있다.

- 직업역량강화프로그램 학교밖청소년지원센터를 중심으로 취업에 관심이 있는 학교 밖 청소년에게 전문적인 직업 훈련, 취업 연계 이전에 직업 선택에 관한 기초 기술 습득, 직업 체험 기회를 제공함으로써 자립 동기를 강화하고 취업 의지를 북돋우는 프로그램이다.

- 취업성공패키지 고용노동부가 지원하는 사업으로, 저소득 취업 취약계층에게 개인별 취업 활동계획에 따라 '진단·경로 설정 → 의욕·능력 증진 → 집중 취업 알선'에 이르는 통합적인 취업프로그램을 제공한다. 취업한 경우에는 '취업 성공 수당'을 지급한다. 학교 밖 청소년도 이 프로그램을 통해 취업 지원을 받을 수 있다.

건강 검진 지원

여성가족부는 9세 이상 18세 이하 학교 밖 청소년을 대상으로 3년에 한 번씩 정기 건강 검진을 시행하고 있다. 국민건강보험공단이 관리하는 지원 체계로, 학교밖청소년지원센터를 통해 신청하면 거주지 주변의 병원에서 무료로 검진을 받을 수 있다.

청소년증 발급

학교 밖 청소년은 학생 여부와 관계없이 청소년 본인임을 확인하는 공적 신분증인 청소년증을 발급받을 수 있다. 청소년복지지원법에 근거하여 9세 이상 18세 이하의 청소년은 누구나 시·군·구청장, 특별자치도지사, 특별자치시장에게 신청하면 발급받을 수 있다. 청소년 본인 또는 대리인이 청소년증 발급신청서 및 사진 1매를 지역 주민센터에 제출한 후 신분 확인을 거쳐 발급받는다. 청소년증에는 교통카드 기능이 탑재돼 있으며 각종 문화시설 이용 시 할인 혜택을 받을 수 있다.

학교밖청소년지원센터(꿈드림센터) 이용방법

2015년 5월 시행된 「학교 밖 청소년 지원에 관한 법률」에 근거해 전국 199개 지역에 학교밖청소년지원센터(청소년지원센터 꿈드림)가 설치돼 전문적인 서비스를 제공하기 시작했으며, 2021년 기준 전국 220개 지역에서 학교밖청소년지원센터가 운영되고 있다.

• 누가 참여할 수 있나? 9~24세 학교 밖 청소년

• 어떻게 이용할 수 있나?

  - 가까운 학교밖청소년지원센터 방문

  - 꿈드림 홈페이지(www.kdream.or.kr)에서 온라인 신청

  - 청소년상담 1388 문의

가정 밖 아이들

———————

집을 나온 아이들에겐
'이유'가 있다

  G, H 자매는 2년 전 쉼터에 입소했다. 입소 당시 고등학교 1학년, 초등학교 4학년이었던 자매는 아버지의 폭력에 시달리다 아동보호전문기관의 의뢰로 쉼터에 들어왔다. 이혼가정으로 아버지와 함께 살던 자매는 평소 술을 마시면 폭력을 일삼던 아버지에게서 벗어나고 싶었고, 결국 경찰에 신고했다. 경찰은 자매를 아동보호전문기관과 청소년쉼터에 의뢰했고, 그렇게 해서 자매의 쉼터 생활이 시작됐다. 미용 기술을 배우던 언니 G는 헤어디자이너가 되겠다는 꿈을 꾸고 있었다. 가정형편이 어려워 학원에는 다니지 못했지만, 학교 성적이 좋아 쉼터 선생님들 사이에서 인정받는 학생이었다. G는 진로 상담 중 청소년 특별 지

원사업을 통해 학원비를 지원받게 됐고, 학교 수업을 병행하면서 학원도 다닐 수 있게 됐다. 학원에서 추천해 준 헤어숍에서 실습할 기회도 얻었다. 학교와 학원 수업, 헤어숍에서 하는 실습까지 모두 마치고 나면 밤 9시가 넘기 일쑤였는데, 10시까지 들어와야 하는 쉼터 규정 때문에 G는 실습이 끝나면 곧장 쉼터로 돌아와야 한다. 헤어숍 동기들이 놀다 가자고 해도 쉼터에서 지낸다는 말을 하고 싶지 않아서 부모님이 엄하다는 핑계로 둘러대곤 한다. G는 이러다 친구들과 멀어지는 것은 아닌지 걱정이다.

초등학생인 H는 남들보다 등교 준비를 일찍 해야 한다. 쉼터에서 학교까지 거리가 왕복 2시간이나 되기 때문이다. 하지만 학교가 아무리 멀어도 아빠에게 맞으면서 지냈던 예전보다는 나은 것 같아 쉼터 생활에 만족하고 있다. H는 쉼터에서 지내고 있다는 걸 아직 아무에게도 말하지 않았다. 학교 담임선생님은 이미 알고 있지만, 같은 반 친구들까지 자신의 상황을 알게 될까 봐 두렵다. 쉼터에 있다고 하면 가출했다고 오해할 것 같고, 가출이 아니라고 하면 아버지의 폭력 문제가 알려질까 봐 걱정이다.

우리 주변에는 G, H 자매처럼 어려운 환경을 감내하며 청소년 쉼터에서 열심히 생활하는 청소년들이 많다. 이들이 두려운 건, 가출 청소년은 집을 나온 나쁜 아이들이라 여기는 사회의 부정적인 인식이다. 우리 사회에는 이유야 어찌 됐든 집을 나온 청소년은 무조건 비행청소년이라고 생각하는 인식이 팽배하기 때문이다. 다행히 2021년 3월 청소년복지지원법이 개정돼 본인 의지와 상관없이 가정에서 생활하기 어려운 청소년들에 대해 '가정 밖 청소년'이라는 용어를 사용하기 시작했다.

우리나라 가정 밖 청소년은 얼마나 될까? 2020년 여성가족부가 시행한 '2020 청소년 매체 이용 및 유해환경실태조사'에서 최근 1년 동안 가출을 경험한 적이 있다고 응답한 청소년은 전체의 2.5%로 나타났다. 2019년 교육통계연보 전국 초4 이상·중·고등학교 현황을 기준으로 전체 가출청소년의 규모를 추정한 결과, 최근 1년간 가출 경험이 있는 초·중·고등학생은 약 10만 1천여 명(101,581명)으로 예측된다.

가정이라는 울타리를 자의 반, 타의 반으로 떠나게 되는 가정 밖 청소년들은 가출의 위험뿐 아니라 경제적인 어려움, 학업 중단 위기, 노동시장에서의 열악한 처우, 폭력과 범죄에 노출될 위험이 있다. 청소년상담복지개발원이 쉼터 입소 청소년과 종사자들을 대상으로 시행한 실태조사연구에 따르면, 청소년의 가출 원인은 부모와의 갈등 때문인 경우가 가장 많은 것으로 나타났으며(61.7%), 학업 문제(15.9%), 친구들과 함께하기 위해서(9.6%) 등이 그 뒤를 이었다.[9]

특히 청소년이 가출 전 가정에서 겪은 갈등은, 부모의 욕설이나 폭언이 가장 많았고 폭행과 학대, 부모 간의 갈등 순이었다. 이 연구 결과를 보면 아이들 자신의 문제보다 부모의 문제, 그중에서도 부모의 폭력을 경험한 것이 가출의 주된 이유라는 것을 알 수 있다. 이렇게 집을 나온 아이들은 곧바로 쉼터를 찾아오는 것이 아니라 친구나 선후배의 집에 머무는 경우가 가장 많으며 피시방, 만화방, 무인 빨래방, 인형 뽑기방, 찜질방, 24시간 카페나 상점, 패스트푸드점에 머물기도 한다. 도저히 갈 곳을 찾지 못한 아이들은 버스정류장, 지하철 역사, 놀이터·공원·아파트 건물 내 계단, 쇼핑몰, 옥상, 지하실 등을 이용하기도 한다.[10]

어쩌다 비행청소년이 됐어요.
다시 시작할 수 있을까요?

　I는 법원에서 6호 보호처분(보호시설 감호 위탁)을 받고 소년보호시설에서 지내고 있다. 보호처분을 받은 건 이번이 세 번째다. 처음엔 중학교 친구들과 편의점에서 술과 음식을 훔치고 주택가에 침입해 자전거를 훔친 혐의로 처분을 받았고, 그 뒤에 보호 관찰법을 위반해 두 번 더 처분을 받았다. 외출 제한 조치를 어기고 가출을 반복했기 때문이다. 학교도 일찌감치 그만두었다.

　I는 이혼가정에서 자랐다. 어린 시절 아버지는 어머니에게 폭력을 일삼았고, 그것 때문에 이혼했다. 부모님의 이혼 후 I는 어머니, 남동생과 함께 살았는데 어머니는 일하러 나가면 밤늦게나 들어왔기 때문에 거의 모든 시간을 남동생과 둘이서 보내야만 했다.

　중학교에 입학하면서 친구들과 어울려 노는 것이 더 좋았고 친구들과 노는 동안에는 가난한 집이나 짐스러운 동생 생각이 나지 않았다. 그래서 늦게까지 놀다가 집에 들어가면 엄마와 매번 싸웠다. I는 자기만 혼내는 엄마가 너무너무 싫었다.

　어느 날 친구들과 놀다가 시간이 너무 늦은 것을 알게 됐는데, 친구들이 집에 들어가지 말자고 했다. 그렇게 하루가 이틀이 되고, 이틀이 사흘이 되면서 I에게 가출은 일상이 되어 버렸다. 집을 나와 지내는 것이 재미도 있었지만, 돈이 없을 때는 힘들었다. 배고프고 갈 곳 없는 떠돌이 생활이었다. 하루는 친구들과 편의점에 들렀다가 삼각김밥 같은 먹을거리를 훔치는 데 성공했다. 몇 번 성공하고 나니 가출해서도 즐겁게 살 수 있을 것 같았다. 하지만 편의점 주인에게 발각돼 경찰서에서 조사를 받게 됐다. 어머니와 친구들의 부모가 편의점 주인과 합의해 비교적 낮은 처분을 받았지만, 이후로도 I는 가출해서 놀다가 돈이 떨어지면 다시 집으로 돌아가는 생활을 반복했다.

고등학교에 입학한 후에도 I에게 학교는 여전히 관심 밖이었다. 친구들과 어울려 다녔고 가출 생활도 계속 이어졌다. 어느 날 길거리를 돌아다니다가 주택가에 문이 열려 있는 집을 발견했는데, 대문 너머에 세워져 있는 고급 자전거가 눈에 띄었다. I와 친구들은 열린 대문으로 들어가서 자전거를 들고 나와 평소 알고 지내는 형에게 팔아 달라고 부탁했다. 얼마 후 자전거값으로 50만 원을 받았다. 큰돈을 손에 쥔 I는 더 이상 편의점에서 삼각김밥을 훔쳐 먹던 예전의 어린아이가 아니었다. 자전거값으로 받은 50만 원을 하루 만에 유흥비로 탕진했다. I는 또 돈이 필요했고, 돈이 될 만한 것은 무엇이든 훔치기 시작했고 그렇게 해서 생긴 돈을 흥청망청 쓰면서 시간을 보냈다.

I는 점점 대담해졌다. 잘못된 행동이라는 걸 알고 있었지만, 쉽게 돈을 얻을 수 있는 일을 포기할 수 없었다. 그러나 꼬리가 길면 잡히는 법, I가 훔친 자전거를 팔아주던 친한 형이 경찰에 잡히면서 I도 공범

으로 잡히고 말았다. 경찰 조사를 받는 과정에서 그간의 절도 행각들이 모두 발각됐고, 설상가상으로 보호관찰 명령까지 위반한 사실이 더해져 I는 소년 보호시설 감호위탁 처분을 받게 됐다. 감호위탁은 말 그대로 사회와 격리된 공간에서 지내는 것이다. I는 덜컥 겁이 났고 그동안의 생활이 후회되기 시작했다. 어머니는 자신을 포기한 것 같았고, 시설에서 만난 아이들은 모두 죄수들처럼 보였다.

I는 시설에서 만난 선생님과 상담을 하면서 자신의 행동을 후회했지만, 시설을 나가게 된다고 해도 제대로 생활할 자신이 없었다. 그러나 상담선생님은 그런 생각이 오히려 좋은 시작이라며 격려해줬다. 여러 번의 상담과 시설 내 프로그램을 경험하면서 자신의 진로를 고민하게 된 I는 검정고시를 준비하기 시작했다. I는 무엇보다 엄마에게 달라진 자신의 모습을 보여주고 싶었다.

I처럼 가정 문제에서 시작해 비행의 길로 들어서는 청소년들이 많다. 대부분 가벼운 절도로 시작했다가 그것이 반복되면서 큰 범죄로 발전하는 경우다. 자신만의 잘못도 아닌데, 태어나서 축복받는 대신 죽고 싶다는 생각을 하며 사는 아이들…. 이들은 대부분 자존감이 바닥이다. 어릴 때부터 칭찬과 지지를 받은 경험이 없고 자기 이야기를 들어주는 사람도 없었기 때문에 고립감과 두려움 속에서 산다. 바로 이런 아이들이 비행을 저지르고 범죄 청소년이 되면 소

년원에 가거나 보호처분을 받아 위탁 시설에 머무르게 된다. 부모에게 버림받은 경험이 많아서 사람에 대한 기본적인 신뢰감이 없는 경우도 많다. 사회의 구조적인 문제와 어른들의 잘못으로 많은 청소년이 비행의 길로 들어서는 것이다.

하지만 비행청소년도 자신의 모습을 돌아보는 순간을 맞이할 수 있다. I처럼 궤도를 이탈했다가도 다시 제 길을 찾아 돌아올 수 있다는 말이다. 단 한 명의 어른이라도 꾸준한 관심과 사랑을 준다면, 아이들은 다시 건강한 일상을 회복할 수 있다. 살면서 그런 어른을 만나보지 못했던 청소년들에게 이제 우리 사회의 어른들이 제 역할을 해 줘야 한다.

청소년쉼터가
저를 구했어요

　17살 청소년 J는 어릴 때부터 아버지의 폭력에 익숙한 삶을 살았다. 어느 날 아버지가 술을 마시고 들어와 어머니와 여동생을 때리는 모습을 본 J는 살아야겠다는 생각에 어머니와 여동생을 데리고 도망쳐 나왔다. 며칠 동안 이모 집에서 지냈지만 이내 눈치가 보였고, 하루가 멀다고 찾아와서 사정하는 아버지 때문에 결국 다시 집으로 돌아갔다. 이후 아버지의 폭력은 더욱 심해졌다. 참다못한 J는 아버지에게 그동안 참아왔던 분노를 쏟아내고 집을 나왔다. 온라인에서 알고 지내던 형과 같이 지내게 됐고, 아르바이트도 했다. 그러나 믿었던 형이 J의 보증금과 모아둔 돈을 가지고 자취를 감췄고, J는 하루아침에 오갈 데 없는 신세가 됐다. 무기력감을 느낀 J는 죽고 싶다는 생각에 자살을 시도했다. 자살이 미수에 그친 뒤 경찰의 소개로 청소년쉼터에 입소했다. 처음에는 쉼터 생활이 너무 불편했다. 죽고 싶다는 생각만 하던 J에게 쉼터 선생님은 규칙적인 식사를 할 수 있게 챙겨주고 건강 검진도 받게 해주었고, 살아야 한다는 의지도 심어줬다. 이후 J는 조금씩 건강을 회복했다.

J의 사례처럼 죽기 직전의 고통을 겪은 청소년들도 쉼터 생활을

통해 변화하는 경우가 많다. J는 쉼터 선생님의 긍정적인 지지를 받고 다양한 프로그램을 경험하면서 '살아야겠다'는 생각이 들었다고 한다. 학교에 다니지 않는 대신 검정고시를 준비할 수 있었고, 영화나 볼링 같은 다양한 문화생활을 하며 정서적으로 안정돼 갔다. 정기적으로 자원봉사 활동을 하러 오는 대학생 형들과도 친해져서 진로에 관한 이야기도 나눌 수 있었다. 버림받았다고 생각했던 J는 쉼터에서 만난 사람들을 통해 아직은 살 만한 인생이라는 것을 느낄 수 있었다고 말한다.

K는 그동안 아버지에게 성폭행을 당해온 사실을 어머니에게 어렵게 털어놓았다. 그러나 오히려 자신의 태도가 문제라는 어머니의 말을 듣고 심한 충격을 받았다. 혼자서 상황을 벗어나려고 몸부림쳤지만 아버지의 행동은 점점 더 심해졌고, 이 지옥 같은 생활을 누구에게도 말할 수 없다는 현실에 죽고만 싶었다. K는 도망쳐야 한다는 생각에 청소년상담 1388에 도움을 요청해 청소년쉼터에 입소했다. 쉼터에서 지내며 어머니와 함께 상담을 받은 K는 과거의 고통에서 조금씩 벗어날 수 있었다. 이후 검정고시에 합격했고 사회복지사의 꿈을 꾸며 사회복지학과에 입학했다. 대학 수업은 쉼터의 후원금이 있었기에 가능했다. K는 도움이 필요한 사람들을 찾아가는 좋은 사회복지사가 되는 것이 꿈이다. 만약 K가 집에서 벗어나지 못했다면 이런 변화는 절대 만들어 내기 힘들었을 것이다. K는

자신에게 도움을 준 쉼터 선생님처럼 괜찮은 어른이 많아졌으면 좋겠다고 말했다.

놀랍게도 우리 사회에는 K처럼 친족에게 성폭력을 당하는 경우가 적지 않다. 2019년 경찰청 통계에 따르면, 동거 친족에 의한 범죄 피해가 무려 514건에 달한다. 다만 친족 관련 범죄는 성범죄 외에도 여러 유형이 있어서 실제 성범죄 피해 건수와는 차이가 있을 수 있다. 친족에게 성폭력을 당한 청소년들은 청소년쉼터나 성폭력 피해자 시설에서 보호를 받으며 정신과 상담과 심리 지원, 의료지원을 받으며 심신을 회복한다. 또한 K의 어머니처럼 자녀가 당한 성폭력에 무관심하거나 도리어 성폭력 가해자를 두둔하는 경우, 그 보호자 역시 가정 폭력의 피해자인 경우가 많아서 성폭력을 당한 자녀와 함께 상담을 받는 경우가 많다는 사실에도 주목해야 할 것이다.

노래를 사랑하는 L은 어린 시절 부모의 이혼으로 형과 함께 살았다. 초등학생 때부터 노래 부르기를 좋아해서 가수를 꿈꿨다. 가수가 돼서 자신의 이야기를 가사로 표현하고 사람들에게 노래로 들려주는 모습을 상상하는 것만으로도 행복했다. 하지만 현실은 L이 노래하는 인생을 쉽게 허락하지 않았다. 형과 단둘이 사는 빠듯한 삶으로는 보컬 학원에 다닐 수 없었고, 버스킹을 하려고 해도 아무도 자신의 노래를 들어줄 것 같지 않아 용기가 나지 않았다. 그러다 생활고로 더 이상 월세를 내지 못해 집에서 쫓겨났고 형과 함께 청소년쉼터에 입소하게 됐다.

쉼터에서 생활하는 것은 불편했다. 하지만 우연히 쉼터에 노래 동아리가 있다는 것을 알게 됐고, 매주 보컬 강사에게 노래 지도를 받을 수 있었다. 노래를 부를 수 있다는 사실이 모든 것을 견딜 수 있는 힘이 됐다. 보컬 강사는 L에게 재능이 있다며 작사 공부도 병행해 보길 권했다. 열심히 작사 작업을 한 L은 자신의 이야기를 사람들에게 들려줄 수 있게 됐다. 현재 보컬 강사의 지원으로 유튜브 채널에서 노래 부르는 콘텐츠를 운영하는 L은 앞으로 다양한 분야에 도전하면서 노래하는 인생을 즐기는 게 꿈이다.

2021년 현재 134개의 청소년쉼터에서 2만여 명의 청소년이 생활하고 있다. 이들은 청소년쉼터에서 음악, 댄스, 네일아트 등 자신이 평소 하고 싶었던 활동을 하면서 삶을 긍정적으로 바라보는 경험을 한다. 그러나 때로는 혼자 생계를 꾸려 나가면서 주변의 눈치를 봐야 하는 상황에 직면한다. 집을 나온 청소년들은 무조건 가출 청소년이거나 비행청소년이라는 색안경을 끼고 보는 사람들이 아직도 많기 때문이다. '집을 나온 주제에 어떻게 자립을 할 거냐', '세상 무서운 줄 모르고 집을 나와서 무슨 일을 배울 수 있겠냐'라는 식의 사회적 편견은 여전하다. 가정 밖 청소년도 여느 아이들과 다를 게 없는 보통 청소년인데 말이다.

쉼터에서 지내는 청소년들은 자신감이 생겼다가도 주변의 편견 때문에 쉽게 상처를 받곤 한다. 그래서 쉼터에서 생활하고 있다는 사실을 친구들에게 숨긴다. 번듯하고 안정된 가정이었다면, 부모의 폭력이 없었다면, 이들도 집에서 나오지 않았을지 모른다. 그런데도 우리 사회는 '청소년들이 왜 이런 생활을 하고 있을까'라고 의문을 제기하기 전에 먼저 '집을 나온 문제아들'이라고 낙인을 찍는다. 집을 나온 이유가 전적으로 청소년들에게 있는 것도 아닌데 말이다. 우리 사회의 어른들이 가정 밖에 있는 청소년들에게 따뜻한 시선을 나눠준다면 그들은 언제든 다시 일어설 수 있다.

청소년쉼터

'가출 청소년'이 아닌
'가정 밖 청소년'입니다

알코올 중독인 아버지에게 폭력을 당하며 살았던 M은 견디다 못해 인근 교회 목회자에게 도움을 청했다. 아동보호전문기관을 거쳐 청소년쉼터로 연계된 M은 정신과 치료가 필요하다는 쉼터 선생님의 판단에 따라 정기적으로 병원 치료를 받았다. 치료와 상담 덕분에 M은 일어설 힘을 서서히 키웠고, 지금은 자신처럼 가정폭력으로 힘들어하는 사람들을 돕는 상담사가 되겠다는 꿈을 갖게 됐다.

청소년들이 단순히 부모와의 갈등 때문에, 친구와 놀고 싶어서, 자유롭게 살고 싶어서 집을 나온다고 생각하기 쉽지만, 그보다는 오히려 부모의 방임이나 학대 때문에 거리로 '내몰린' 경우가 더 많다. 앞에서도 다뤘듯이 가정 밖 청소년 가운데 가정폭력으로 집을 나간 경우가 전체의 50%를 넘는다. 부모와의 갈등뿐 아니라 부모 간의 갈등이나 진로, 학업 문제도 가출의 큰 원인으로 나타났다.

더 큰 문제는 가정 폭력을 경험한 가출 청소년이 학업을 중단할 확률이 그렇지 않은 학생보다 더 높으며, 폭력과 사기, 성매매 같은 범죄 피해에도 쉽게 노출된다는 것이다. 청소년의 가출은 신체 및 정신건강 악화, 학업능력 저하, 저임금 노동 등 다양한 측면에서 당사자의 삶에 부정적인 영향을 미칠 수 있고, 이는 사회적으로도 큰 손실을 불러온다. 그런데도 쉼터를 이용하는 청소년들의 절반 이상은 집으로 다시 돌아가기를 원하지 않는다. 가족들이 반기지 않을 뿐만 아니라 가출의 원인이었던 가족 관계의 문제가 여전히 해결되지 않은 채 남아 있기 때문이다.

청소년복지지원법 개정으로 '가출 청소년'이란 용어가 '가정 밖 청소년'으로 바뀌었다. 이것은 가출 청소년을 향한 부정적 낙인과 편견을 없애고, 청소년이 가정 밖으로 나올 수밖에 없었던 '상황'과 '가정 밖'이라는 위험 상황에 초점을 두어 국가가 인권 보장의 측면에서 지원 및 보호 정책을 마련하라는 의미를 담고 있다.

개인의 인식과 태도는 언어 구조의 영향을 받는다. 우리가 사용하는 모든 언어는 이른바 '프레임'에 연결돼 있다. 우리가 듣고 말하고 생각할 때마다 머릿속에서 작동한 결과가 인식과 태도로 나타난다. 가출 청소년이란 용어를 가정 밖 청소년으로 대체하는 것이 단순히 정책 용어의 변경에만 그치지 않고, 이들에 대한 사회적 편견을 거두고 더 나아가 가정 밖 청소년을 인권 사각지대에 있는 약자로 인식하는 계기가 되길 기대한다.

이를 위해 여성가족부와 한국청소년상담복지개발원은 가정에서 보호받지 못하는 청소년을 다양한 방식으로 지원하고 있다. 우선 거리상담 아웃리치outreach를 통해 가정 밖 청소년을 찾아내고 지원 정보를 제공한다. 거리상담 아웃리치란, 청소년 밀집 지역으로 직접 찾아가서 가정 밖 청소년들을 발견하고 필요한 서비스와 정보를 제공하며 지역사회 청소년안전망으로 연계하는 활동을 말한다.

아웃리치의 형태는 크게 세 가지다. 첫째, '이동 차량'은 정기적인 요일 및 시간대에 지정된 장소를 순회하며 서비스를 제공한다. 주로 의식주 및 의료서비스, 보드게임 등 휴식공간 지원, 거리위험 대처 교육 등이다. 둘째, '개별 접촉Patrol Outreach'은 실무자 2~3명이 팀을 이루어 지역을 돌아다니면서 청소년을 직접 만나는 활동이다. 피시방이나 노래방, 가출청소년 배회 거리, 가출청소년 밀집 거주지 등을 순회하며 청소년을 발견해 필요한 서비스를 제공한다. 셋째, '비대면 아웃리치'는 온라인 공간을 활용해 상담하고 정보를 제공한다. SNS(카카오톡, 페이스북, 틱톡, 인스타그램 등), 모바일 어플(썸톡, 속삭임, 돛단배, 랜챗 등), 포털사이트(네이버 지식인, 네이트판, 다음 카페 등)와 같은 다양한 채널로 접근해서 가정 밖 청소년을 발견하고 온라인 상담과 가출 예방 활동을 시행한다.

또한 쉼터에 들어온 청소년에게도 심리상담을 통해 정서적인 지원을 하고 학업이나 취업에 필요한 프로그램을 경험할 수 있도록 한다. 더불어 쉼터에서 퇴소한 이후에도 스스로 삶을 꾸려갈 수 있도록 취업 지원도 제공하고 있다.

'밖에서도 안에서도 우리는 청소년입니다!'

언젠가 어느 청소년이 외치던 구호가 생각난다. 모든 청소년에게 기본적인 의식주를 제공하고, 안전하고 건강하게 성장할 수 있도록 지원하는 것은 국가와 사회의 당연한 의무다. 가정의 지원을 받지 못하는 청소년들도 미래를 꿈꾸며 책임감 있는 사회인으로 당당히 성장할 수 있도록 국민의 따뜻한 시선과 꾸준한 관심이 필요하다.[11]

거리상담 아웃리치

이제 스무 살밖에 안 됐는데
자립해야 한대요

바리스타로 일하고 있는 20대 N은 중장기 쉼터에서 지내면서 바리스타 자격증을 취득했다. 이후 커피숍에서 바리스타로 일하고 있지만, 공부를 더 하고 싶은 마음에 대학 바리스타학과에 진학해 학업을 이어가고 있다.

N의 사례는 운이 매우 좋은 경우이다. 실제로 쉼터 청소년은 아르바이트를 구하기가 힘들다. 미성년자가 아르바이트를 하려면 보호자의 동의가 필요한데, 쉼터 청소년들은 동의를 받기 힘들다 보니 정식 고용이 어렵다. 그 때문에 열악한 처우를 감수하면서 아르바이트를 하거나 아르바이트 자체를 포기해야 하는 경우가 많다.

쉼터 청소년들은 보통 중장기 시설에서 3년 정도 지나면 퇴소를 준비해야 한다. 그러나 갓 스무 살을 넘긴 청소년들은 아직 자립할 준비가 돼 있지 않다. 집을 마련하고 생활비도 벌어야 하는데 취업이 안 된 경우가 많다. 이들 대부분은 고등학교를 막 졸업한 나이이기 때문에 진로 탐색도, 취업 준비도 안 돼 있다. 이들에게 쉼터를 퇴소한다는 건 곧바로 취업 시장에 나가라고 강요당하는 것이나 다름없다.

그런 이유로 쉼터 종사자들은 쉼터 퇴소 청소년에게도 학교 밖 청소년이 받는 진로 체험과 같은 지도가 좀 더 필요하다고 입을 모은다. 청소년이 실질적인 자립 준비가 되어 있는지를 객관적으로 평가하고, 각각의 자립 준비 수준에 따라 맞춤형 취업 지원 서비스를 제공해야 한다는 것이다. 다만 쉼터 종사자들이 개별적으로 취업 지원 교육을 하기에는 한계가 있으니 쉼터 상황에 맞춰 유연하게 프로그램을 구성할 필요가 있다.

여성가족부는 가정의 지원을 받을 수 없는 쉼터 퇴소 청소년들의 사회 안착을 돕기 위해 2021년부터 자립 지원 수당을 지급하고 있다. 이 밖에도 쉼터에서 퇴소한 청소년들이 취업에 집중할 수 있도록 주거를 지원하고 취업에 필요한 역량을 교육하는 자립지원관이 전국에 10개소가 있다. 아직은 부족한 단계지만 이제 막 자립의 길로 나선 쉼터 퇴소 청소년들에게는 도움이 될 것이다. 앞으로 충분한 자원이 확보되기를 기대한다.

청소년쉼터

청소년쉼터란?

가정 밖 청소년에게 일시 보호 및 생활 지원(의·식·주 제공) 등의 서비스를 제공하는 복지시설로, 2021년 기준 전국에 134개소가 설치돼 있다.

지원 내용

생활보호(의·식·주 제공), 상담 및 사례 관리(부모 상담 포함), 의료 및 법률 지원, 학교 진학 및 직업 훈련 지원

이용 방법

청소년상담 1388(전화, 인터넷, 모바일), 전국 청소년쉼터 직접 문의(24시간 연중무휴)

쉼터 퇴소 청소년 지원 내용

자립 지원 수당

18세 이상 청소년 중에서 퇴소 직전 3년 동안 2년 이상 쉼터를 이용한 청소년. 월 30만 원씩 최대 3년까지 지급한다.

주거 지원

쉼터 퇴소 청소년들의 안정적인 주거 지원을 위해 LH 공공임대주택 지원사업을 시행하고 있다.

• 신청 자격 쉼터 이용 기간 2년 이상인 18세 이상 미혼 무주택자로, 퇴소 후 5년 이내인 청소년에 해당한다.

- **지원 내용** 청소년의 개별 상황에 따라 매입 임대주택(LH 소유의 임대주택으로 냉장고, 세탁기 등 필수 생활 집기 제공) 또는 전세 임대주택(신청자가 원하는 주택을 LH가 임차하여 재임대하는 방식)을 최장 20년간(2년 단위 계약) 지원한다. 입주 청소년들은 보증금(100만 원)과 월 임대료(약 10~20만 원), 관리비를 부담한다.

청소년자립지원관

청소년자립지원관이란?

쉼터 등 보호시설 퇴소 후에도 자립 여건을 마련하지 못한 청소년에게 주거 지원 등 자립 지원 서비스를 제공하는 곳으로 전국에 10개소가 있다.

지원 내용

- **주거 지원** 자립지원관에서 직접 운영하는 숙소 또는 주거 지원 숙소 연계
- **사례 관리** 생활 지도, 취업 지원, 의료지원, 상담, 정보 제공 등 자립에 필요한 다양한 서비스 제공
- **이용 방법** 청소년자립지원관으로 직접 신청하거나 청소년쉼터 및 회복지원시설 등 유관기관 연계를 통해 입소 가능

2장

마음이 아픈
아이들

인터넷 게임, 스마트폰에 빠진 아이들

우리 아이들, 인터넷·스마트폰에
얼마나 많이 빠져 있나?

　O는 밤마다 부모님 몰래 스마트폰을 사용했다. 보다 못한 부모님이 사용제한 어플을 설치했지만, O는 사용제한을 풀어내고 새벽까지 SNS에 댓글을 달거나 게임을 하다가 수업 시간에 조는 일상을 반복했다. 그러다 보니 성적도 많이 떨어지고 선생님에게 지적도 많이 받게 됐다. 부모님이 O를 타일러도 보고 꾸짖기도 해봤지만 효과가 없었다. O는 오히려 스마트폰을 몰래 하는 것이 잘못이 아니라며, 부모님이 자신에게 지나치게 간섭한다며 가출을 한 적도 있다.

　위의 사례는 청소년상담복지센터가 주관한 인터넷·스마트폰 치유캠프에 참가한 중학교 3학년 O의 이야기다. 청소년기 자녀를 둔 부모들의 고민 상담 중 가장 많은 것이 자녀의 과도한 인터넷·스마트폰 사용 문제다. 최근에는 스마트폰 사용 나이가 점차 낮아지면서 초등학교 저학년도 스마트폰 사용 문제로 부모님과 실랑이를 벌이기도 한다.[12]

2021년 3월 10일 과학기술정보통신부가 발표한 '2020년 스마트폰 과의존 실태조사'에 따르면, 우리나라 전체 스마트폰 이용자 중 과의존 위험군이 23.3%를 차지하며, 청소년(10~19세)의 경우 10명 중 4명꼴인 35.8%가 O와 같은 위험군으로 분류됐다. 전체 연령대 평균에서 위험군이 23.3%인 것과 비교해 매우 높은 수준이다. 청소년들은 주로 여가 활동이나 친구들과의 커뮤니케이션, 정보 수집을 위해 스마트폰을 사용하는 것으로 조사됐다.

코로나19 장기화로 이른바 '집콕' 생활이 길어지면서 청소년의 미디어 사용이 늘어나고, 이는 불규칙한 생활 습관으로 이어지고 있다. 2020년 4월 한국청소년상담복지개발원이 9~24세 청소년 자녀를 둔 보호자 198명을 대상으로 진행한 실태조사 결과, 보호자들이 코로나 상황에서 자녀양육에 가장 큰 어려움이라고 토로하는 것이 '자녀의 미디어 사용 증가(77.8%)'와 '불규칙한 생활 습관(74.2%)'이었다.

전문가들은 청소년이 스마트폰에 쉽게 빠지는 이유가 스마트폰이 청소년의 특성을 반영하고 발달 욕구를 충족시키는 특징이 있기 때문이라고 말한다. 이는 툴리Tully, C. J.[13]가 주장한 청소년기 발달 욕구의 하나인 이동성mobility의 욕구와도 연결된다. 툴리는 청소년이 자유와 자기 결정의 기회를 제공하는 이동성의 욕구를 가진다고 주장했다. 이는 부모의 간섭 없이 청소년 스스로 공간 이동의 자유를 누릴 수 있다는 것을 의미한다. 우리나라처럼 입시 위주의 답답한 학습 환경 속에서 다람쥐 쳇바퀴 돌듯 집, 학교, 학원을 오가는 청소년들에게는 이동성 확보야말로 자기를 표현할 기회와 자유로움을 확장해준다. 하지만 청소년이 이동성을 갖게 돼서 친구와의 접촉이 늘어나면 늘어날수록 가족과의 사회적 유대 관계는 약해진다.[14]

이동성과 함께 청소년기에 영향을 미치는 스마트폰의 요소는 커뮤니케이션 기능이다. 청소년기에는 자아가 형성되면서 가족 외에 타인과 소통하고 싶은 강렬한 욕구를 느끼는데, 스마트폰으로 이용하는 SNS는 청소년들의 이런 욕구를 채워준다.[15] 2020년 청소년 통계에 따르면 초등학생 80.6%, 중·고등학생과 대학생은 99% 이상이 인스턴트 메신저(카카오톡, SMS)를 이용하는 것으로 나타났으며 SNS, 인터넷 쇼핑, 이메일 사용이 그 뒤를 잇고 있다.[16]

디지털 시대를 살아가는 현대 청소년에게 인터넷과 스마트폰은 하나의 문화이자 사회화의 도구다. 문제는 인터넷·스마트폰이 청소년에게 미치는 부정적인 영향이 성인보다 더 심각하다는 것이다. 예를 들어, 십 대 청소년의 미디어 이용 시간이 늘어날수록 스포츠, 종교 활동 및 대면 활동과 같은 사회활동과 수면 시간은 줄어든다. 이 것이 청소년의 '심리적 건강과 행복감'을 줄이는 직접적인 원인이 된 다는 보고도 있다. 또한 의학 분야 전문가들에 따르면, 지나친 스마 트폰 사용은 전두엽 발달을 방해해 정서적·인지적 발달에 부정적인 영향을 미친다.[17]

인터넷 과의존은 청소년의 공격적인 태도, 충동 조절 문제를 일으 키고 사회성 발달에도 좋지 않은 영향을 미치며, 일상생활과 학교생 활 부적응, 심지어 학업 중단과 은둔형 외톨이라는 심각한 사회 고 립을 초래할 수도 있다.[18] 만 12세까지는 뇌 발달의 황금기로 집중 력, 조절력과 관계있는 전두엽이 발달하는 중요한 시기라는 점을 고 려할 때, 스마트폰을 비롯한 미디어 매체의 과도한 사용을 조기에 발견하고 적절히 조절할 수 있도록 돕는 것이 상당히 중요하다.

아이들은 왜 인터넷 게임,
스마트폰에 잘 빠지는 걸까?

    P의 부모는 음식점을 운영한다. 부모가 음식점 일로 새벽부터 밤늦게까지 바쁘게 일하는 동안 외아들인 P는 음식점 구석에서 혼자 책을 보면서 지냈다. 초등학교에 입학한 후에는 혼자 집에서 지내는 날이 많았고, 자연스럽게 컴퓨터 게임에 집중하게 됐다. P의 부모는 학교나 집에서 크게 말썽부리지 않고 잘 지내는 P에게 내심 고마운 마음이 들었다. 그러나 문제는 P가 고등학교에 입학하면서부터 시작됐다. 담임교사의 급한 호출로 학교에 간 P의 어머니는 깜짝 놀라지 않을 수 없었다. P가 게임 아이템을 얻으려고 다른 친구에게 돈을 요구했고, 그 때문에 주먹 다툼이 벌어졌다는 것이다.

    어머니 눈에는 조용하고 착하기만 했던 아들이 게임에 미쳐서 눈에 보이는 게 없는 무서운 괴물로 변해 있었다. 부모는 P를 크게 혼냈고, 집에 있는 컴퓨터를 없애고 더 이상 게임을 못 하게 했다. 그러자 P는 집을 나가 피시방에서 게임을 했고, 급기야 며칠씩 들어오지 않더니 가출을 시작했다. P의 부모는 그동안 음식점 일에만 전념하면서 산 인생을 후회했다. 형제자매 없이 외동으로 자라서 혼자 외롭게 지냈을 P가 처음으로 선택한 친구가 컴퓨터 게임이었다는 사실이 너무나 씁쓸했다.

청소년들은 어떤 환경에서 인터넷 게임이나 스마트폰에 과몰입하게 될까? P의 사례처럼 어른들의 돌봄과 관심이 부족한 채로 방치된 경우다. 한부모 가정이나 조손 가정, 맞벌이 가정의 경우에는 청소년들이 혼자 지내는 시간이 많다 보니 지나치게 인터넷에 매달려지낼 가능성이 커진다. 특히 부모나 보호자들이 자녀의 인터넷 사용규칙을 정해서 지속적인 교육과 지도를 하는 데도 어려움이 있다. 이런 환경에서 청소년들은 심심하고 외롭고 무서워서 게임을 시작하게 되고, 나중에는 생활 습관이 된다.[19]

외향적인 성향의 Q는 주위에 친구들이 많았다. 초등학생 때부터 Q는 동네에서 게임을 잘하는 아이로 소문이 났다. 학년이 올라가면서 Q는 문방구 앞 오락기 대신 집에서 컴퓨터 앞에 앉아 있는 시간이 많아졌고, 동네 친구보다 온라인 친구를 더 많이 사귀게 됐다. 많은 시간을 게임에 몰두한 Q는 게임 세상에서 영웅으로 인정받으며 친구들의 부러움을 샀다. 게임 시간은 나날이 늘어갔고, 학원에 가는 것도 잊어버리는 일이 잦아졌다.

학원 선생님의 연락을 받은 Q의 어머니는 당황했다. 맞벌이 가정이라 학교가 끝나면 학원에 갈 수 있게 하루 일정을 짜 놓았던 Q의 어머니는 아이의 학습 계획을 다시 짜야겠다고 생각했다. 자세히 들여다본 Q의 생활은 생각보다 심각했다. 학교에 결석하지 않는 것이 그나마 다행이었지만, 게임을 하느라 학원에 가지 않은 날이 많았다는 것은 도저히 이해할 수 없었다. Q의 어머니는 결국 다니던 직장을 그만두고 Q를 돌보기로 했다.

하지만 Q는 부모의 간섭에 화를 내며 자주 소리를 질렀다. 아버지는 그런 Q를 혼냈고 '이런 식으로 살 거면 차라리 내 눈에 안 보이는 것이 낫겠다'면서 집에 있는 컴퓨터를 없애 버렸다. Q는 아버지의 말에 상처를 받았지만 참았다. 그동안 게임을 많이 한 것도, 학원을 빠진 것도 사실이었기 때문에 노력해 보자고 마음먹었다. 어머니도 Q의 생활 계획을 다시 세웠고, 학원도 3곳에서 5곳으로 늘렸다. Q가 학원 수업을 끝내고 집에 돌아오면 밤 10시가 넘었다. 설상가상으로 주말 과외까지 더해져서 Q는 친구들을 만날 시간조차 없었다. Q는 이 모든 것이 게임 때문에 떨어진 성적을 올리기 위한 것이라고 말하는 어머니를 이해할 수 없었다.

이런 문제로 생긴 스트레스는 Q를 다시 게임으로 돌아가게 했다. 학원을 마치고 집에 오면 부모 몰래 침대 위에서 스마트폰 게임을 하며 하루의 스트레스를 풀었다. 학원에서도 중간에 몰래 빠져나와 피시방에 가서 게임을 하기도 했다. 게임으로 잠이 부족했던 Q는 학교와 학원 수업 시간에 졸기 시작했고, 선생님에게 짜증을 내고 욕설까지 하는 상황이 발생했다. Q는 결국 학원에서 쫓겨났고, 그 일로 부모님과 또다시 싸우게 됐다. Q의 가정에서는 웃음소리보다 싸우는 소리가 더 잦았고, 급기야 Q가 가출하는 일이 벌어지고 말았다.

가출한 뒤 학교와 학원에서 해방돼 자유롭게 피시방에서 게임을 하는 자녀, 자식을 잘못 키웠다는 자괴감 때문에 힘들어하는 부모…. 요즘 우리 주변에서 자주 보게 되는 가정의 모습일 것이다. Q의 사례처럼 부모가 지나친 기대로 공부에 대한 압박을 줄 때 청소년들은 스트레스를 받는다. 또한 부모가 부부싸움을 자주 하거나 경제적 상황이 어렵거나 가정 내 갈등이 클 때 청소년들은 극심한 스트레스를 겪는다. 그런 상황에서 조금만 더 힘들어져도 감당하기 힘들어하고 자주 우울감을 느낀다. 청소년들은 이렇게 가족 관계에서 오는 스트레스와 긴장감, 우울감에서 벗어나려고 게임에 몰입하는 경우가 많다.[20]

사회성이 부족해서 친구를 사귀겠다는 동기가 낮거나, 친구를 사귀고 싶어도 사교성이 부족해서 친구가 없는 청소년들도 게임에 몰두하는 경우가 많다. 스트레스에 취약하고 우울한 청소년 역시 이런 상황을 벗어나거나 회피하는 방법으로 인터넷에 몰두한다. 또 기질적으로 산만하고 집중력이 부족해서 과잉 활동을 보이는 ADHD(주의력결핍 과잉행동장애, attention deficit-hyperactivity disorder) 경향이 있는 청소년도 게임이나 오락 같은 자극적인 놀이를 선호한다. 이들은 게임의 경쟁 방식, 레벨을 높이는 성취 지향적 방식을 좋아하기 때문에 게임에 더욱 몰두한다. 게다가 일상생활에서 잘못을 지적받거나 꾸중을 듣는 경우가 많아서 우울감을 경험하게 되면 더 심각하게 게임에 빠질 위험이 있다.[21]

본인의 기질 때문이든 환경 때문이든, 스마트폰에 빠진 아이들은 그 행동이 한번 고착되면 자기 의지가 작동하지 않는 단계로 발전한다. 게임을 시작했던 초창기에는 일정 시간 동안 게임을 했다가 멈추는 행동 조절이 가능하다. 그러나 이런 습관이 초기에 형성되지 못하면 게임을 자기 의지로 멈추지 못하는 위기 단계에 진입하게 된다.

미디어 과의존 때문에
겪는 어려움

　스마트폰이 없으면 살 수 없다는 중학생 R은 스마트폰 때문에 매일 엄마와 전쟁을 치른다. R의 어머니는 평일 8시간, 주말에는 12시간 이상 스마트폰만 쳐다보며 살아가는 딸을 그냥 두고 볼 수 없었다. R은 친구들과 소통하려면 카카오톡, 페이스북 같은 스마트폰 앱을 사용해야 하는데, 엄마가 요즘 세상을 도통 이해하지 못한다고 생각했다. 학교에서 진행한 '인터넷·스마트폰 이용습관 진단조사' 결과 R은 위험사용자 군으로 판별됐다. R의 어머니는 전문 기관의 도움을 받기로 했지만, R이 거부하고 있어서 고민이다.

　게임 등 미디어 과의존으로 빚어지는 어려움을 구체적으로 살펴보면, R의 사례처럼 부모나 가족 간의 갈등 문제가 가장 크다. 인터넷 게임은 한번 시작하면 중간에 그만둘 수 없어서 오랜 시간을 매달리게 되는 경우가 많다. 보호자와 함께 있는 동안에도 인터넷 게임이나 SNS를 하느라 스마트폰을 보는 시간이 많고, 보호자로서는 우려와 걱정으로 지적이 심해질 수밖에 없다. 부모와 자녀가 함께 적정한 스마트폰 사용시간을 정해 보기도 하지만 잘 지켜지지 않고, 오히려 보호자와 심한 갈등으로 번진다.

청소년의 처지에서는 미디어 사용이 취미 생활이자 또래와 함께 하는 놀이의 성격이 강한데, 보호자가 지나치게 통제하면 자신의 자유를 침해당하는 느낌이 들어서 반항심이 커진다. 게다가 친구들과 비교해서 자기가 더 많이 하는 것도 아니라는 생각이 들면 억울한 마음 때문에 갈등은 더욱 심해진다.

미디어 과의존 상태가 되면 나타나는 또 다른 문제는 청소년의 집중력과 기억력에 부정적인 영향을 끼친다는 것이다. 이 단계까지 이르면 학업을 비롯한 일상생활에서 자기가 해야 할 일을 제때 하지 못하고 성적도 떨어져 여러 가지 어려움을 겪게 된다. 이는 장기적으로 청소년의 안정적인 발달 과업을 성취하는 데 부정적인 영향을 미치며 건강한 신체 성장에까지 악영향을 줄 수 있다.

미디어 과의존은 청소년의 신체 건강과 함께 정신건강에도 좋지 않은 영향을 미친다. 최근 거북목, 시력 저하와 같은 증상으로 진료를 받는 청소년들이 점점 많아지고 있다. 길을 걸어가면서 스마트폰을 보다가 다치는 일도 빈번하다.

또 기분 전환이나 스트레스 해소용으로 지나치게 게임이나 SNS를 할 경우, 초기에는 일시적인 도움을 받을 수 있지만 이런 회피적 방식이 오래가면 우울감, 불안감과 같은 부정적인 정서 경험만 부추기게 된다. 지나치게 게임을 많이 하는 청소년은 충동적이고 자기조절에도 어려움을 느끼게 돼, 자극을 추구하는 활동에만 매달리게 되고 그 결과로 조절 능력이 떨어졌다는 연구 결과도 있다. 자기가 하려는 활동이 제지됐을 때 전보다 쉽게 화를 내고 신경질적인 성격으로 변했다는 보고도 많다.

미디어 과의존은 청소년의 '관계 맺기'에도 영향을 준다. 시간과 공간을 초월한 온라인상에서 관계를 맺는 사람들이 많아지면서, 대인 관계가 불편하고 어려운 청소년들도 새로운 관계의 장에 참여하게 되는 순기능을 경험한다. 하지만 온라인에서의 관계 맺기나 온라인상의 반응에 지나치게 몰두하게 되면 편하고 쉬운 관계에만 익숙해진다. 반면에 공을 들이고 여러 부침을 견뎌야 하는 오프라인에서의 상호작용에서는 발달이 뒤처지게 되어 오히려 안정적인 관계 맺기에 실패할 수 있다. 실제로 온라인상의 사소한 오해가 심한 다툼이나 학교폭력으로 이어지기도 한다. 이것이 비단 미디어의 과도한 사용에서만 기인하는 것은 아니겠지만, 문자나 이모티콘을 자주 사용하는 미디어 소통의 경우, 추측을 통해 상대방의 의사를 파악해야 할 때가 많아서 관계를 맺는 과정에서 오해가 생기기 쉽다.

가장 심각한 문제는 청소년들이 불법 채팅이나 동영상, 도박 사이트와 같은 유해 매체에 빈번하게 노출된다는 점이다. 실제로 인터넷 게임을 많이 하는 자녀가 걱정돼서 부모가 청소년상담복지센터에 의뢰했는데, 알고 보니 게임처럼 보이는 도박 사이트에 접속해 불법 도박을 한 것이 드러난 사례도 있다. 물론 미디어를 많이 사용한다고 해서 모두가 유해 매체에 노출되어 심각한 위험에 빠지는 것은 아니다. 하지만 최근 유해 매체를 통해 수익을 창출하는 사업자들이 청소년들이 쉽게 접근하도록 SNS를 활용하는 경우가 많다. 유해 매체는 한번 발을 들여놓으면 좀처럼 빠져나오기가 쉽지 않기 때문에 각별한 주의가 필요하다.

청소년은 발달 과정에서 관계에 대한 욕구, 유능감에 대한 욕구, 자율성에 대한 욕구 등 기본적인 심리 욕구가 충족돼야 한다. 그래야 스스로 선택해서 결정하는 내재적 동기가 발달할 수 있다.[22] 이런 맥락에서 보면 청소년의 미디어 사용이 청소년의 기본 심리 욕구를 충족시켜 주는 긍정적인 면도 있는 것이 사실이다. 하지만 청소년이 좋아하는 스마트 미디어는 스스로 조절하기 어려울 정도로 자극적이다. 이런 자극이 주는 보상에 익숙해지면 생활 전반의 균형이 무너지면서 등교, 수업 참가, 수면, 식사시간 등 일상생활에서의 행동 규범이 무너지는 부적응이 초래된다.[23]

미디어 과의존 행동특성,
초등학교 저학년부터 살펴야 한다

초등학교 4학년인 S에게는 공부 잘하는 언니가 한 명 있다. 부모는 어릴 때부터 S에게 '언니처럼 돼라'는 식으로 잔소리를 했고, 이는 S가 고학년이 되면서 더욱 심해졌다. S는 언니와 같은 학교에 다녔는데, 선생님들도 전교 1등 하는 언니와 S를 비교했다. S는 집에서도 학교에서도 언니보다 못난 동생으로 여겨지는 것 같아 견딜 수가 없었다.

이에 S는 친구들과 수다를 떨면서 스트레스를 풀었고, SNS를 통해 많은 사람과 소통하면서 고민을 해결했다. 가끔은 학교의 Wee 클래스 상담선생님과 상담도 했다. S는 자신을 이해해 주는 사람들이 많은 것에 위안을 받았다. 특히 친구들은 S에게 소중한 존재였다. 스트레스를 받는 날에는 친구들과 스마트폰으로 소통하는 것에 더욱 몰입했고, 그러면서 부모님과의 관계는 더욱 나빠졌다.

최근 몇 년 사이에 초등학생들의 미디어 과의존도가 눈에 띄게 높아지고 있다. 한국지능정보사회진흥원이 시행한 스마트폰 과의존 실태조사에 따르면, 초등학생의 스마트폰 과의존도가 2019년 24.4%에서 2020년 30.5%로 늘어났다.

부모들은 자녀가 지나치게 스마트폰에 빠져 있어도 시간이 지나면 좋아지겠지 생각하기 쉽다. 그래서 보통 또래 관계에서 싸움이나 일탈 행동을 보이지 않는 한 크게 걱정하지 않고 내버려 둔다. 그러나 미디어 과의존은 한 번에 일어나는 것이 아니라 조금씩 쌓여 가면서 습관으로 고착돼 일어나는 현상이다. 그 때문에 자녀의 행동을 유심히 관찰하면서 조기에 행동 변화를 알아차리는 것이 중요하다. 책상 앞에 조용히 앉아 있다고 해서 공부한다고 오인해서는 안 된다. 나무라고 꾸짖기 전에 세심한 관찰이 필요한 이유다. 최근에는 초등학교 저학년도 미디어 과의존 현상을 보이기 때문에 어릴 때부터 세심하게 행동을 관찰할 필요가 있다.

미디어 사용을 못 하게 됐을 때 다른 것에 집중하지 못하고 견디기 힘들어할 때는 미디어 과의존을 의심해 봐야 한다. 미디어 외의 다른 것들은 지루하게 느끼고 다른 모든 일에 흥미를 갖지 못하는 경우도 이에 해당한다. 미디어를 사용하고 있지 않을 때도 그 생각을 멈추지 못하기 때문에 당연히 학업에 대한 흥미가 떨어지고 노력도 하지 않는다.

기분이 좋지 않았다가도 미디어 기기를 사용하면 금세 기분이 좋아진다. 미디어 사용 시간이 늘어나면서 도중에 멈추는 것이 어렵고, 초기보다 더 많은 시간을 사용해야만 만족스럽다. 미디어 사용에 대한 내성이 생긴 것이다. 이런 경우 일상에서 시간 개념이 모호해지기 쉬워서 학교에 지각하는 일이 종종 생긴다.

미디어 과의존 상태가 되면 무엇보다 게임을 하거나 스마트폰 보기를 가장 좋아하며 이것을 유일한 스트레스 해소 방법으로 여긴다. 친구와 노는 것보다 미디어 사용을 더 좋아하고, 친구와 만나서도 대화를 나누기보다는 각자 스마트폰을 보면서 시간을 보낸다. 심지어 미디어에 빠져 식사를 거르기도 한다. 부모 몰래 유해 매체에 접속하거나 무엇을 했는지 숨기려는 행동이 자주 나타난다. 이때 부모들은 자녀의 변화를 알아차리고 신속하게 개입해야 한다.[24]

인터넷 치유캠프에서
스마트폰 없는 세상을 만나는 아이들

   T는 학교에서 시행한 '인터넷·스마트폰 이용습관 진단조사' 결과 위험사용자 군으로 분류됐다. 전문 기관에서 상담을 받았으면 좋겠다는 담임선생님의 연락에 T의 어머니는 충격을 받았다. 그래서 방학 기간에 청소년상담복지센터에서 열리는 '인터넷·스마트폰 치유캠프'에 참가 신청을 했다.

   T는 어머니가 자신의 의견과는 상관없이 일방적으로 치유캠프에 신청한 사실이 당혹스러웠지만, 친한 친구와 함께 합숙 캠프를 하는 셈 치고 참여하기로 했다. 하지만 캠프가 시작되자마자 스마트폰을 제출해야 한다는 센터 선생님의 말에 당장 그만두고 싶었다. 10일이 넘는 기간 동안 스마트폰 없이는 절대 살 수 없다고 생각했다. 그러나 친구와 함께 지낼 수 있으니 참을 수 있을 것 같았다. 캠프 기간에 개인 상담, 집단 프로그램, 수련활동 등 다양한 경험을 했다.

   T는 캠프에 참여하면서 가장 기억에 남는 프로그램으로 소시오 드라마를 꼽았다. 소시오 드라마를 통해 자신의 서툴렀던 감정을 조금씩 표현하면서 스마트폰을 통해서가 아니더라도 사람들과 소통할 수 있다는 것을 알게 됐다. 무엇보다 스마트폰 없이도 즐거운 하루를 보낼 수 있다는 것이 가장 신기했다.

캠프를 마치고 집으로 돌아온 T는 어머니와 함께 스마트폰 사용을 줄이기 위한 계획을 세웠고, 스마트폰을 쓰고 싶을 때 캠프에서 배운 대안 활동을 하면서 사용시간을 조금씩 줄여 가고 있다.

—

16살인 U는 선천적으로 몸이 약해서 어릴 때부터 병원에서 살다시피 했다. 부모가 맞벌이였기 때문에 조부모와 함께 지냈는데, 특히 할머니는 U가 자주 아픈 것을 마음 아파하며 그를 지나치게 보호했다. 그 때문에 U는 밖에 나가 놀지 못했고, 친구들을 사귈 기회도 거의 없었다. 초등학교에 입학한 후에도 몇 차례 병원에 입원하느라 학교에 자주 가지 못해 친구들과 어울리지 못했다. 오랜만에 학교에 가도 친구들은 U에게 "병자, 병신"이라고 놀리면서 따돌렸다. 중학생이 돼도 친구들의 따돌림은 계속됐다. U는 새로운 친구들을 사귀어 보려고 애썼지만, 친구들은 좀처럼 그에게 다가오지 않았다. U는 친구들과 어울리는 것은 자신에게 허용되지 않는 일이라 생각하고 포기했다.

외톨이가 된 U는 게임을 통해 온라인 세상에서 친구를 사귀기 시작했다. 게임도 재미있었지만, 게임 친구들과 이야기하는 것이 더욱 즐거웠다. U의 부모는 안 그래도 몸이 약해서 걱정인 아이가 밤늦도록 게임을 하는 모습을 더 이상 두고 볼 수 없었다.

U의 어머니는 청소년상담복지센터에 상담을 신청했고, 청소년동반자로부터 인터넷·스마트폰 치유캠프에 참여해 보라는 권유를 받았다.

U는 치유캠프에서도 왕따가 될까 봐 걱정했지만, 용기를 내보기로 했다. U는 캠프 기간 중 대학생 멘토를 만난 게 가장 고마운 일이라고 했다. 친구를 사귀는 것은 여전히 힘들었지만 대학생 멘토에게 많은 도움을 받았고, 캠프가 마무리될 즈음엔 제법 친한 친구들도 생겼다. 그러던 어느 날 멘토는 U에게 체력을 길러 보자며 산책을 권했고, 아침 일찍 일어나 1시간 정도 함께 산책하며 많은 이야기를 나눴다. 아침에 일어나는 것이 힘들었지만 멘토와의 대화가 즐거웠다. 멘토도 어렸을 때 U처럼 자주 아파서 운동으로 체력을 길렀다는 말에, U는 자신과 비슷한 경험을 가진 멘토가 날이 갈수록 좋아졌다.

캠프를 마치고 집으로 돌아온 U는 게임할 시간에 산책, 테니스 등 운동을 하기로 했다. 또한 캠프 때 자원봉사 활동으로 방문했던 기관에 어머니와 함께 자원봉사자로 등록해 어르신들의 손톱을 잘라드리는 등의 봉사 활동을 하며 지냈다. 자연스럽게 U의 관심사는 건강한 자신을 만드는 것과 새로운 사람들을 만나는 것으로 바뀌어 갔다.

위의 두 사례는 치유캠프를 통해 미디어 과의존에서 벗어나 일상을 회복한 아이들의 이야기다. 여성가족부와 한국청소년상담복지개발원은 미디어 과의존 청소년들에 대한 집중 치유와 일상생활 회복을 지원하기 위해 기숙형 치유 기관을 설립·운영하고 있다. 전라북도 무주에 있는 '국립청소년인터넷드림마을'은 인터넷·스마트폰 과의존 청소년들을 위한 기숙형 전문 치유 기관이다. 인터넷이 단절된 환경에서 청소년들에게 전문가의 상담과 다양한 체험 활동을 제공하고 있으며, 1~4주 과정으로 운영된다. 이곳은 교육청에서 대안 교육 위탁기관으로 지정한 곳이어서 학기 중에도 수업일수 걱정 없이 참여할 수 있다. 또한 치유 기관에 머물렀던 것이 학교생활 기록부에 남지 않아 청소년들이 느끼는 프로그램 참여에 대한 부담이 적다.

여성가족부와 한국청소년상담복지개발원은 매년 전국 학령 전환기 청소년을 대상으로 '인터넷·스마트폰 이용습관 진단조사'를 시행하고 있다. 자가 측정 방식으로 진행되는 전수 조사다. 주의군이나 위험군으로 분류되는 청소년들은 전국 청소년상담복지센터를 통해 개인 상담을 비롯한 각종 치유 서비스를 받을 수 있다. 2021년 조사 대상 청소년 127만여 명 중 17.98%에 해당하는 22만 9천여 명이 주의군, 위험군에 속하는 과의존 청소년으로 나타났다. 이들 가운데 청소년상담복지센터에서 실시하는 11박 12일 치유캠프에 참여해 스마트폰 사용을 줄이고 가정과 학교에서 안정적인 모습을 찾게 되는 경우가 많다.

지역에서 열리는 치유캠프에 참여하려면 보호자의 동의가 필요하다. 그런데 보호자 가운데 일부는 자녀가 진단조사 결과에서 위험군으로 분류됐는데도 심각하게 생각하지 않고 치유 서비스에 동의

하지 않는 경우가 있다. 실제로 2020년 과의존 위험군 치유 서비스에 대한 보호자 동의율은 19.5%에 그쳤다. 외상을 입어 위급한 사람에게는 골든타임이 매우 중요하다. 적시에 필요한 치료가 이루어졌는지 여부에 따라 생사가 갈린다. 인터넷·스마트폰 사용도 비슷하다. 사용 습관을 점검받고, 위험 신호가 나타나면 빨리 개입해 적절한 조치를 받도록 해서 제자리로 돌아오게 해줘야 한다. 치유 서비스 참여에 대한 보호자의 동의는 전문적으로 개입할 수 있는 첫 단추이기 때문에 때를 놓치지 않도록 보호자의 각별한 관심이 필요하다.[25]

청소년 인터넷·스마트폰 가족치유캠프 활동

인터넷·스마트폰 과의존 청소년이 지원받을 수 있는 것들

| 인터넷·스마트폰 이용습관 진단조사

여성가족부와 한국청소년상담복지개발원은 매년 교육부와 협력해 초4, 중1, 고1 학령 전환기 청소년들을 대상으로 인터넷·스마트폰 이용습관을 확인해 위험성을 진단하도록 하고 있다. 해당 학년이 아니거나 학교에 출석하지 않는 청소년도 집에서 가까운 청소년상담복지센터에서 언제든지 자신의 인터넷·스마트폰 사용 습관을 점검해 볼 수 있다. 청소년은 간단한 자기 보고식 조사를 통해 자신의 인터넷·스마트폰 사용 습관이 전문 기관의 도움이 필요한 위험 수준인지, 또는 사용 시간 조절에 주의가 필요한 수준인지 진단해 보게 된다. 이와 같은 사용 습관 진단조사는 인터넷·스마트폰 과의존 문제에 대응하기 위한 첫 걸음이라 할 수 있다. 자신 또는 자녀의 어려움을 인식했을 때, 그저 잘못된 습관이겠거니 한다거나, 요즘엔 누구나 그렇다고 생각하고 안일하게 넘길 것이 아니라 반드시 진단해 보는 것이 필요하다.

| 상담 및 치료 지원

상담 서비스

- 대상 인터넷·스마트폰 과의존으로 어려움을 겪고 있는 청소년
- 도움 내용 (개인 상담) 과의존 정도 및 개인 특성을 고려한 맞춤형 상담 서비스 / (집단 상담) 인터넷·스마트폰 사용 능력 향상 프로그램, 초등 저학년부터 고등 청소년의 발달 특성에 맞춘 집단 상담프로그램 제공

치료 서비스

- **대상** 추가 심리검사 결과 과의존 외에 우울증, ADHD 등이 발견된 청소년
- **도움 내용** 종합심리검사(Full battery), 심리 치료, 병원 치료 의뢰 및 치료비 지원

  ※ 치료비의 경우 취약계층 60만 원, 일반은 40만 원 이내 지원

부모 교육

- **대상** 인터넷·스마트폰 과의존 진단조사 결과 '주의' 사용자 군 이상인 초·중·고 등 청소년의 보호자
- **도움 내용** 청소년의 미디어 과의존에 대한 이해 및 양육원리 관련 교육 제공

인터넷·스마트폰 치유캠프

- **대상** 혼자서 인터넷·스마트폰 사용 조절이 어려운 과의존 위험군 가운데 중·고 등 청소년
- **프로그램 내용** 건전한 미디어 사용습관이 형성되도록 11박 12일 동안 인터넷· 스마트폰과 단절된 환경에서 상담과 다양한 대안 활동 등을 경험
- **참가비** 프로그램 비용 무료, 식비 일부 자부담(1인당 10만 원, 취약계층은 무료)
- **신청 방법** 거주지 소재 청소년상담복지센터로 신청 / 전화 상담은 국번 없이 1388(휴대전화: 지역번호 + 1388)

가족 치유캠프

- **대상** 미디어 사용시간이 늘어난 초등학생, 청소년 가족

- 프로그램 내용 2박 3일 집단 상담, 자녀의 미디어 사용 지도방법 교육, 다양한 가족 체험 및 놀이 활동을 통해 가족 간 소통과 친밀감을 높여 주고 올바른 미디어 사용 지도
- 참가비 프로그램 비용 무료, 식비 일부 자부담(1인당 1만 5천 원, 취약계층은 무료)
- 신청 방법 거주지 소재 청소년상담복지센터로 신청 / 전화 상담은 국번 없이 1388(휴대전화: 지역번호 + 1388)

국립청소년인터넷드림마을

- 대상 혼자서 인터넷·스마트폰 사용 조절이 어려운 과의존 위험군 가운데 중·고등 청소년
- 프로그램 내용 인터넷·스마트폰과 단절된 환경에서 전문가 상담 등 다양한 체험 활동. 1~4주 과정으로 연간 상시 운영
- 참가비 프로그램 비용 무료, 식비 일부 자부담(1주: 5만 원, 2주: 10만 원, 3·4주: 15만 원)
- 신청 방법 공식 홈페이지(nyit.or.kr)에서 참가 신청서 작성

국립청소년인터넷드림마을 전경

미디어 과의존 자녀 지원방법

조건 없는 통제보다 인터넷 사용 시간 조절

자녀가 인터넷 게임을 너무 좋아해서 절제하지 못할 때, 부모가 게임을 못하게 전원을 꺼버리는 등 강제적으로 중단시키면 자녀들의 반발심이 커지기 때문에 오히려 역효과가 난다. 사용 시간을 조절하려면 먼저 자녀와 게임 시간을 합의하는 것이 필요하다. 이때 합의란 부모가 일방적으로 시간을 정하는 것이 아니라, 자녀와 충분한 대화를 통해 서로 의견 일치를 보는 것을 의미한다. 사용 시간을 합의할 때는 먼저 약속을 잘 지켰을 때의 보상과 약속을 지키지 않았을 때의 벌칙(약속을 지키지 않으면 스마트폰 사용시간을 줄이는 등)을 정하는 것이 중요하다.

약속 이후 처음으로 스마트폰 사용 시간을 지키지 못했다면 우선 자녀가 노력한 부분에 대해서는 격려해 줘야 한다. 계속 약속을 지키지 못해 벌칙을 줘야 한다면, 자녀를 훈계하기보다는 서로 약속을 하고 약속한 내용을 실행하는 것이 바람직하다. 그러나 자녀가 그런 상황을 받아들이지 않고 거부하거나 폭력적인 모습을 보일 수도 있다. 그럴 때는 당황하지 말고 평정심을 유지해야 한다. 그리고 자녀가 왜 폭력적인 모습을 보이는지, 자녀의 마음을 읽어 주고 자녀가 지킬 수 있는 수준으로 함께 협의해 약속을 수정할 필요가 있다. 이 과정에서 많은 부모들이 힘들어하고 마음의 상처를 입는다. 그럴 경우, 부모 교육이나 부모 상담을 신청하는 것도 도움이 된다.[26]

자녀와 공감대를 갖고 대화하기

청소년은 흔히 친구를 사귀거나 친구들과의 대화에서 뒤처지지 않으려고 게임을 한다. 또 게임 특성상 승부욕을 자극하기 때문에 멈추지 못하고 계속하게 된다. 그러나 이보다 더 근원적인 이유가 있다는 것을 간과해서는 안 된다.

청소년도 어른처럼 스트레스를 많이 받으며 살고 있다. 친구와 다투기도 하고, 학교폭력이나 왕따를 당하기도 하고, 갑자기 전학을 가게 돼 학교생활에 적응하기가 힘들다거나 가족 간의 문제가 있을 수도 있다. 마음이 힘들어도 말로 표현하기가 어려워서 스트레스를 푸는 방법으로 게임을 선택하게 된다. 현실 세계에서 표현하지 못했던 짜증이나 분노의 감정을 게임에 쏟아부으면 스트레스가 가라앉는 기분이 들어 스트레스를 받을 때마다 게임에 몰두하게 되는 것이다.

이럴 때는 자녀와 함께하는 시간을 만들어 볼 필요가 있다. 게임 시간이 전부였던 자녀에게 인터넷 사용 시간과 인터넷을 시작할 때의 상황과 감정 상태, 접속 사이트, 이용 내용, 인터넷을 끄는 시간 등을 일주일 단위로 기록해 보게 하는 것도 좋은 방법이다. 자녀들이 하루에, 일주일에, 한 달에 어떤 게임에 얼마나 심취해 있는지 게임 내용과 시간도 함께 점검해 보고, 게임 관련 사이트를 얼마나 자주 접하고 있는지에 대해서도 자녀와 이야기를 나눠 본다. 게임을 무조건 제지할 것이 아니라, 공감대를 갖고 대화를 나누다 보면 자녀들의 마음이 열릴 수 있다. 자녀가 좋아하는 게임을 물어보고 그 게임에 대한 기초 상식을 알고서 대화를 나눈다면 더욱 효과적일 것이다.[27]

자살, 자해를 시도하는 아이들

∎∎∎∎

살기 위해 습관적으로
자해를 했어요

몇 년 전 한 언론 매체가 청소년의 자해를 주제로 기획기사를 연재한 적이 있다. 이 기사에는 인스타그램을 통해 친구가 자해하는 것을 보고 따라 한 사례가 소개됐다. 자해 청소년들은 친구들을 따라 몸에 상처를 내고, 팔에서 선혈이 흐르는 사진과 함께 우울함을 표현한 글을 공유하기도 한다. 이런 청소년 가운데에는 '자해는 스트레스를 풀 수 있는 단 하나의 방법이니 하지 말라는 말은 절대 하지 말아 달라'고 이야기하는 일도 있다. 인터넷이 놀이인 청소년들은 채팅으로 이성 교제를 하다가 자해 방법을 알게 되기도 하고, 따돌림을 당해 자해를 시도하기도 한다.[28] 또한 학교에서 우수한 성적을 유지해야 한다는 중압

감 때문에도 자해를 시도한다.

또 자해 청소년의 일부는 SNS를 통해 자해 사진과 영상을 공유하기도 한다. 그것을 보고 격려해 주는 사람들의 메시지를 받으면 공감과 위로를 받는다는 생각에 기분이 좋아진다는 것이다. 이들은 자해를 무조건 나쁘거나 불쌍하게만 보지 말고 '저 사람이 자해할 정도로 꽤 힘들었구나' 하고 생각해줬으면 좋겠다고 이야기한다.

최근에 자해를 시도하는 청소년이 급증했다. 자기 몸에 난 상처만 봐도 소스라치게 놀라는 경우가 있는가 하면, 스스로 커터 칼을 들고 다니면서 괴로운 생각이 날 때마다 몸에 상처를 내는 경우도 늘고 있다. 자살 의도는 없다 하더라도 이런 자해 행위가 계속 반복되면 실제 자살로 이어질 수 있다는 점에서 주목할 필요가 있다.

우리나라의 자살률은 OECD 회원국 가운데 1위다(통계청, 2018). 2018년 통계에 따르면 질병 외에 외부 요인에 따른 사망 원인 중 자살(26.2명)이 가장 많았고, 그다음은 운수 사고(9.1명), 추락사고(5.2명) 순이었다. 특히 자살에 따른 사망률이 전년 대비 9.5%나 증가해 다른 사망 원인과 비교해 가장 높은 증가율을 보였다. 우리나라의 자살률 증가도 문제지만, 십 대의 자살률이 22.1%로 크게 늘었다는 것은 주목해야 할 문제다.

통계청과 여성가족부에서 발표한 '2019 청소년 통계'에 따르면,

2017년 청소년 사망 원인 1위는 고의적 자해(자살)로 인구 10만 명당 7.7명으로 가장 많았다. 운수 사고로 사망한 청소년이 인구 10만 명 당 3.4명인 것과 비교했을 때 2.3배나 높은 수치다. 전국 청소년상담복지센터의 청소년 상담 실적 중 자살 관련 상담은 2017년 23,195건에서 2018년 43,238건으로 1년 새 2배나 증가했다. 또한 자해 관련 상담은 2017년 8,352건에서 2018년 27,976건으로 3배 이상 급증했다.

최근 국내에서 자해와 자살을 구분해야 한다는 목소리가 나오면서 자해 관련 연구와 실태조사 결과가 발표되고 있다. 교육부가 2018년 전국 중·고등학교 학생을 대상으로 진행한 '학생 정서·행동특성검사' 설문조사에 따르면, '자해한 적이 있는가'라는 질문에 전체 중학생(51만 4천여 명)의 7.9%인 4만여 명이, 전체 고등학생(45만 2천여 명)의 6.4%인 3만여 명이 '있다'고 답했다. 중·고등학생 7만여 명이 자해 경험이 있다는 것인데, 실제 수치는 이보다 더 많을 것으로 추정된다.[29]

자해는 크게 자살적 자해와 비자살적 자해로 분류된다. 자살적 자해가 삶을 마감함으로써 고통을 끝내려는 것이라면, 비자살적 자해는 살기 위해서 자기 몸에 상처를 내는 행위라고 볼 수 있다. 감정상태가 극도로 불안정하고 스트레스를 이길 수 없을 때 그런 상황을 벗어나려고 자기 몸을 해치는 극단의 선택을 하는 것이다.

특히 전문가들은 우울감이 청소년들의 자해 행동과 밀접한 관련이 있다고 이야기한다. 한 언론 보도에 따르면, 자해를 시도한 환자의 약 72%가 우울증을 동반하며, 자살 경향성과 같은 심리적 문제가 있는 것으로 나타났다.

울고 싶어도
울지 못했어요

V는 어려서부터 부모가 싸우는 모습을 많이 봐왔다. V의 가정은 경제적으로 어려웠고, 어머니는 일용직으로 하루하루 일당을 버는 아버지에게 언제나 욕설을 퍼부으며 신세 한탄을 했다. 아버지는 그런 어머니에게 화를 내며 폭력을 행사했고, 경찰이 집으로 찾아오곤 했다. 한번은 V가 아버지에게 맞고 있는 어머니를 지키기 위해 나서자, 아버지는 V에게도 욕설과 폭력을 행사했다. 어머니는 맞고 있는 V를 보호하며 아버지에게 소리를 질렀고, 급기야 죽겠다고 칼을 꺼내 자살 소동까지 벌였다.

부모는 결국 이혼했고, V의 어머니는 새로운 가정을 꾸렸다. V는 새아버지가 어색했지만, 어머니에게 폭력을 쓰지 않고 자신에게 다정하게 대해 줘서 좋았다. 하지만 새아버지의 아들인 이복형은 V를 구박하며 괴롭혔다. V는 중학생이 되면서 점점 변하기 시작했다. 집에 들어가는 것보다 친구들과 놀러 다니는 것이 좋아졌다. 때로는 담배도 피우고 술도 마시면서 집에서 느꼈던 괴로움을 잊을 수 있었다. V에게 집은 지옥이었다. 답답한 마음에 시작한 자해 행동은 점점 더 수위가 높아졌고, 이 모습을 본 가족들은 V를 한심하게 생각했다.

V처럼 부모의 폭력이나 재혼 가정에서의 학대 경험이 강한 공포의 기억으로 남아 자해를 하는 청소년들이 있다. 학교폭력을 당해 자살을 시도하기도 한다.

한 청소년은 비행 또래들에게 일명 '기절 놀이'로 목 졸림을 당해 바닥에 쓰러진 후 뇌출혈이 생겨 며칠 동안 의식을 잃었다. 그는 이일로 극심한 우울과 불안증, 뇌전증 등의 후유증을 겪었다. 사고 이전에 당한 또래 친구들의 괴롭힘과 사고 상황이 뒤섞여 내재돼 있던 분노의 감정을 억누르지 못했고 트라우마에 시달리다가 그는 결국 자살사고를 일으켰고 심한 자해 행동을 반복했다.

이런 극심한 폭력 경험 외에도 △부모가 맞벌이로 너무 바빠서 같이 보내는 시간이 거의 없는 경우 △부부 갈등으로 부모가 자녀에게 무관심으로 일관하는 경우 △도움이나 상담을 받고 싶은 마음을 표현했으나 가족이 이를 무시하는 경우 △가족 앞에서 자해를 시도했는데 부모가 이를 무조건 비난하는 경우 △힘들다고 말했을 때 부모가 폭력적인 반응을 보인 경우에 청소년들이 자해 행위를 시도하는 경향성을 보였다.

청소년들은 이런 환경 속에서 △스트레스를 해소하려고 △자신을 처벌하려고 △살아있음을 느끼려고 △자신이 힘들다는 것을 알리려고 △마음을 알아주는 사람도 없고 공감을 받지도 못해 친구나 부모가 알아주기를 바라는 마음에서 자해 행동을 하는 것으로 나타났다.

자해 경험이 있는 청소년은 일상생활에서 친구와의 갈등, 학교생활 적응의 어려움, 성적에 대한 압박 등으로 심한 스트레스를 받았다. 스트레스로 생긴 우울, 불안, 외로움, 무기력을 느꼈다. 이들 대부분은 자신의 부정적인 감정을 제대로 드러내거나 솔직하게 표현하지 못했다. 남들 앞에서는 행복한 모습을 보이기 위해 울고 싶어도 울지 못하고 다른 사람에게 화조차 내지 못했다는 사례도 있다.[30] 자신의 감정을 억제하는 것이다.

요즘 십 대 자녀를 둔 부모들은 과거의 부모들보다 정신적으로 너무 약한 모습을 보인다. 과거 부모들은 자식을 위해 모든 것을 감내하며 희생해 온 세대다. 본인들의 감정을 살피거나 고통의 문제를 이야기하는 것에 익숙하지 않고, 그마저도 자식을 위해 포기했다. 반면, 요즘 부모들은 자녀가 '엄마 아빠, 저 고통스러워요'라고 호소하면 '내가 더 힘들다'고 반응한다. 그렇다 보니 자해 경험이 있는 청소년들은 부모에게 자기 감정을 이야기하지 못하고 숨기게 된다.[31]

한국청소년상담복지개발원의 연구에 따르면, 청소년 자해 행동의 직접적인 원인은 '스트레스와 부정적 정서', '감정 억제' 등이었다. 청소년은 친구와의 갈등, 왕따 경험의 반복 때문에 학교생활에 적응하지 못하고 성적에 대한 압박도 심하다. 그것이 우울감이나 불안감, 외로움, 무기력 등 부정적 정서를 갖게 한다. 이런 부정적인 정서를 반복적으로 경험하는 청소년이 자해 행위를 시도하는 경우가 많았다. 자해 행동을 보인 청소년 대부분은 부모에게조차 자신의 감정을 드러내지 못하고 행복한 모습만을 보이려고 감정을 극도로 억제하는 경향을 보였다.[32]

"얼마나 힘들었니"라는
위로의 말이 듣고 싶어요

아버지의 폭력, 어머니의 방관… 어린 시절 W는 가정 폭력과 외로움으로 극심한 불안감과 죽을 것 같은 공포감을 느꼈다. 하지만 살아야 할 것 같았다. 아니 살아 있는 자신을 느끼고 싶었다. W의 자해 행위는 그렇게 시작됐다.

W의 상황은 학교에도 소문이 나서 Wee 센터에서 청소년상담복지센터를 소개해 줬다. W는 센터에서 상담선생님을 처음 만났을 때 뭔가 이상한 느낌을 받았다. 다들 자해를 하는 W를 이상하게 쳐다봤는데, 상담선생님은 너무 힘들면 그럴 수 있다며 그를 이해해 줬다. W는 상담을 통해 자신의 마음속 이야기를 하나둘씩 꺼내기 시작했다. 상담선생님은 그가 자해 행동을 할 수밖에 없었던 과거 상황으로 돌아가 자해가 아닌 다른 활동으로 힘든 순간을 이겨낼 수 있도록 도와줬다. 상담 시간뿐만 아니라 일상에서도 '나비 포옹(butterfly hug, 자신의 팔로 양어깨를 안는 것으로, 우리 몸은 다른 사람이 안아주는 것으로 착각해 우울감이나 불안감이 낮아지는 효과가 있다)'을 하면서 숨을 고르는 연습을 했다. 불안감이 너무 심할 때는 병원 치료도 병행하면서 계속 상담을 받았다.

상담을 통해 W는 자해 행위가 자신이 못나서 그런 것이 아니라 열심히 살아보려는 노력이었다는 걸 인정했다. 다만 앞으로는 자신을 다치게 하는 행위가 아니라 스스로 조절할 수 있는 다른 방법을 찾아보려고 노력해야겠다고 다짐했다. 그는 점차 안정감을 찾고 변화하는 자신의 모습을 보며 자해의 상처 자국을 두 손으로 감싸 안았다.

상담선생님과 같이 주변에 있는 누군가가 자신의 힘든 상황을 진정으로 공감해 줄 때, 자해 행위를 시도했던 청소년들은 트라우마로 생긴 부정적인 정서에서 빠져나와 자신을 돌볼 힘을 얻는다. 자해를 시도했던 청소년들이 가장 듣고 싶어 하는 말은 "얼마나 힘들었니"라는 위로와 공감의 말이라고 한다. 부모가 "너 무슨 일을 한 거야"라고 화를 내고 나무라는 순간, 자녀는 상처를 받고 마음의 문을 닫는다. 참고 참다가 더 이상 참을 수 없을 때 자해 행위로 죽을 만큼 힘들다는 것을 표현하는 것이다. 이때 "네가 정말 힘들었구나" 하면서 무슨 일이 있었는지, 왜 힘든지 관심을 보이고 이야기를 들어주어야 한다. 누군가 진정으로 위로와 공감을 해준다고 느끼게 해주는 것이 무엇보다 중요하다.

청소년들은 자해 행동을 한 후에 외로움, 두려움, 허탈함, 죄책감과 같은 부정적인 정서를 경험했고 '누군가에게 도움을 받고 싶다'는 생각을 했다고 한다. 이런 경우 개인적인 관계에서 공감과 지지를 받거나 상담자에게서 받는 도움이 자해 행동에 대처하는 데 힘이 된다. 또 자퇴나 쉼터 입소 등 환경적인 변화로도 자해 행동을 줄일 수 있다.[33]

1388 청소년사이버상담센터 선생님이 저에게 "살라"고 말했어요

X는 지금 아파트 옥상에 서 있다. 죽고 싶다는 생각이 들어 옥상으로 올라왔는데, 막상 올라오니 여러 가지 생각이 든다. '여기서 떨어지면 사람들이 내가 죽는 모습을 보겠지? 처참한 모습을 보이긴 싫은데…. 아니야, 그만큼 내가 힘들어했다는 걸 알아야 해!' X는 하루에도 수십 번씩 이런 생각이 들어 괴롭다. 이렇게 괴로운 마음이 들 때면 청소년사이버상담센터 채팅 상담선생님을 찾는다. 채팅 상담선생님과 이야기를 나누다 보면 마음이 조금 정리되기 때문이다.

X는 중학교에 들어가면서 우울증 진단을 받고 약을 먹고 있다. 자신이 우울한 이유에 대해 고민해 봤지만 딱히 떠오르는 건 없다. 가족들이 괴롭히는 것도 아니고, 친구들과 관계가 나쁜 것도 아닌데 왜 우울한지 모르겠다. 그냥 세상에 나만 없으면 괜찮을 것 같다는 생각이 든다. X는 그런 생각이 들 때마다 자살을 계획하곤 했다.

그러다 인터넷에서 청소년사이버상담센터를 알게 됐다. 이곳에서 채팅 상담이나 게시판 상담(게시판 글로 고민을 남기면 24시간 이내에 전문 상담자가 답변을 올림)을 하면 속마음을 이야기할 수 있어서 좋았다. 얼마 전부터 X는 죽고 싶은 마음이 들 때마다 수면제를 사서 모으기 시작했다. 쌓여 가는 수면제를 보면서 스스로 정상이 아닌 것 같다고 생각했고, 병원 치료를 받아야 하는 건 아닌지 걱정됐다. 하지만 이내 '내가 죽으면 그만'이라는 생각으로 이어졌다. 수면제를 모아 놓고 마지막으로 사이버상담센터 선생님에게 인사를 해야겠다는 마음으로 채팅 상담실에 들어갔다. 그동안 감사했다고 마지막 인사를 하니, 상담선생님은 그에게 죽지 말고 '살라'고 했다. 자신에게 살라고 말한 사람은 처음이었다. X는 묘한 기분이 들었다. 상담선생님은 직접 만나서 이야기하면 좋겠다고, 그게 안 되면 전화 통화라도 하자고 했다. 마지막이라는 생각으로 전화번호를 알려 줬고, 상담선생님과 통화하면서 힘든 마음을 이야기했다. 상담선생님은 세상에는 X의 생명을 소중하게 생각하는 좋은 사람들이 많다며 그를 따뜻하게 위로해 줬다. X는 눈물이 났고, 무엇을 어떻게 해야 할지 알 수 없었다. 상담선생님은 필요하다면 지금이라도 경찰을 보내줄 수 있다고 했고, 병원 치료를 받고 싶으면 도움도 받을 수 있다고 했다. X는 부모님에게 연락해 달라고 부탁했고, 곧이어 어머니에게 연락을 받았다. 울면서 죽지 말라고 말리는 어머니의 목소리를 들으니 X는 살아야겠다는 생각이 들었다.

X는 처음으로 어머니에게 '힘들어서 죽고 싶었다'고 말했고, 어머니와 함께 신경정신과를 찾았다. 지금 X는 정기적인 치료를 받으며 우울감을 이겨내려고 노력하고 있다. 서서히 안정감을 찾아가고 있는 X는 요즘도 가끔 우울해지면 사이버상담센터를 찾아 상담선생님과 이야기를 나누곤 한다.

청소년사이버상담 1388은 자살이나 자해를 시도했거나 우울감으로 힘들어하는 청소년들을 돕기 위해 채팅 상담을 하고 있다. 2020년 전국 32만여 명의 청소년들이 청소년사이버상담 1388을 찾아 도움을 받았다. 청소년사이버상담 1388은 X와 같은 위기청소년을 찾아내는 게이트웨이 역할을 하고 있다. 2021년 현재 64명의 재택 상담원들이 활동하고 있다.

청소년사이버상담은 1:1 채팅 상담을 비롯해 게시판 상담, 웹 심리검사(대인관계, 진로, 성격·정서 등 간단한 심리검사 제공), 솔로봇 상담(간단한 문답 형식의 게임과 동영상을 통한 상담) 등으로 구성돼 있다. 한국청소년상담복지개발원은 카카오톡이나 문자를 활용한 모바일 상담도 제공하고 있다.

청소년에게 자살·자해 관련 징후가 보이는 경우, 그 행위를 즉시 중지시키고 반드시 지역 상담복지센터 등 전문 기관의 도움을 받도록 해야 한다. 자살을 시도했던 청소년의 위험 수준이 어느 정도인지 진단하고(약물치료 개입 판단, 자살 위험 심각성 판단, 심리검사 등), 자살이나 자해 행동의 원인을 파악해 그에 맞는 대처방안을 찾는 것이 필요하다.

2021년 전국의 17개 청소년상담복지센터에서는 자살·자해 집중 심리 클리닉을 운영하고 있다. 2020년 자살·자해 집중 심리 클리닉에서 상담받았던 청소년들의 사례를 분석해 보니 상당한 변화가 있었다. 2020년 지역 청소년상담복지센터의 자해 상담 집중 심리 클리닉에 참여한 청소년은 총 271명이었는데, 상담 클리닉 참가 이후 자살 위험성은 36%, 자해 빈도는 50%로 감소한 것으로 나타났다. 하지만 청소년 자살·자해 문제는 재발하거나 상태가 더 악화할 수도 있어서 꾸준한 관찰과 사후관리가 필요하다.

자살·자해 위기청소년 지원 정보

청소년상담 1388

• 지원 내용 친구 관계·학업 등 일상적인 고민, 가정 폭력·성폭력 등 긴급한 신고, 자살·자해 관련 상담 등

• 전화 상담 (유선전화) 국번 없이 1388 / (휴대전화) 지역번호 +1388

• 카카오톡 상담(채널명-청소년상담 1388) 청소년상담 1388 카카오톡 채널 추가 후 상담자와 1:1 상담

• 문자 상담(#00001388) 휴대폰 문자메시지 받는 사람 난에 '#00001388' 번호 입력 후 고민 내용 발송

• 채팅 상담 홈페이지(www.cyber1388.kr) 접속 후 이용(모바일·PC 가능) / 365일 24시간 운영

청소년상담복지센터

• 지원 내용 위기 상담, 심리검사, 학업 지원, 자립 지원, 문화활동 지원, 각종 정보 제공

• 이용 방법 센터 직접 방문, 청소년상담(1388), 센터별 홈페이지 방문 등

※ 지역별 센터 현황은 청소년상담복지개발원 홈페이지(www.kyci.or.kr)에서 확인 가능

그 외 기관들

- 자살 예방 핫라인 1577-0199

- 보건복지상담센터 희망의 전화 129

- 한국생명의전화 1588-9191

- 전국 Wee 센터 www.wee.go.kr

- 중앙정신건강복지사업지원단 www.nmhc.or.kr

정서행동문제를 가진 아이들

관계 맺기에 실패하는
정서행동문제 아이들

정서행동문제를 가진 청소년의 특성은 무엇일까? 가장 큰 특징은 친구와 부모 등 가까운 사람들과 관계 맺기에 실패하는 것이라고 할 수 있다.

교육부는 2012년부터 초등학교 1학년과 4학년의 보호자, 중학교 1학년과 고등학교 1학년에 재학 중인 모든 청소년을 대상으로 '학생 정서·행동특성검사'를 시행하고 있다. 학생정서·행동특성검사는 1년에 한 번씩 하는 건강실태조사와 비슷하다. 신체 건강과 발육 상태를 1년에 한 번씩 점검하는 것처럼 마음의 건강상태를 주기적으로 살피려는 의도다. 우리나라처럼 청소년 자살 빈도가 상대적으로 높은 경우, 행동 및 심리검사는 어느 정도 자살을 예방하는 방법이 될 수 있다.

2017년 검사에서 전체 청소년 중 4.36%인 8만 2,662명이 '관심군'으로, 0.89%인 1만 6,940명이 '자살 위험군'으로 나타났다. 학생 정서·행동특성 검사에서는 정서·행동문제 총점이 기준 미만인 학생은 정상군으로, 기준점수 이상인 학생은 관심군으로 분류된다. 관심군은 다시 일반관리군과 우선관리군으로 구분된다. 우선관리군은 자살위험 등 긴급조치가 필요한 경우를 포함해 문제의 심각성이 상대적으로 높기 때문에 전문기관에 우선 의뢰해야 한다. 또 관심군으로 분류된 청소년들은 정신건강 전문기관의 꾸준한 관리가 필요하며 '자살 위험군'으로 분류된 청소년들은 즉각적인 지원조치가 필요한 대상이다.

2015년부터 2017년까지 3년간의 통계를 보면, 관심군과 자살 위험군이 점차 증가했으며 특히 중학생과 고등학생 사이에서 자살 위험군이 크게 늘어난 것을 볼 수 있다. 2017년 통계를 보면 2016년보다 중학생의 자살 위험군은 115.7%(9,009명), 고등학생은 80.4%(7,901명) 증가했다.[34]

이런 문제가 있는 청소년들은 자신의 정서 문제를 행동으로 드러내면서 결국에는 주변 사람들과의 관계를 망가뜨린다. 친구나 선생님, 부모(보호자)와의 관계가 원만하지 못하고 갈등을 제대로 관리하지 못해 일상생활에서 극도의 긴장을 느낀다. 그러면 그렇게 쌓인 긴장을 풀기 위해 폭력을 행사한다든가 소리를 질러 친구들 사이에서 자주 따돌림을 당한다. 쉬는 시간에 아무런 행동도 하지 않고 엎드려 있거나, 이동 수업이나 급식 시간에 혼자 다니거나, 갑자기 학교에 가지 않겠다고 한다면 따돌림 때문일 가능성이 크다. 정서행동장애 청소년 대부분은 학교폭력의 가해자이거나 피해자, 또는 가해와 피해를 모두 경험한 경우가 많다.

또 다른 징표로는 잦은 규칙 위반과 결석, 선생님에 대한 반항, 또래들과의 주먹다짐 등을 꼽을 수 있다. 2000년대 초반까지만 해도 품행장애 증상을 보이는 청소년들은 학교에서 퇴학을 당하거나 전학 권고를 받는 일이 많았다. 청소년이 이런 일로 학교를 나왔을 경우, 보호자들은 아무 도움도 받지 못하는 상황에서 자녀를 감당하느라 많은 어려움을 겪었다. 더구나 당시에는 이런 청소년들을 보호하는 기관이나 시설도 없었다.

그러나 최근에는 반항적·폭력적 행동을 하는 청소년들도 퇴학과 같은 징계를 받지 않고 학교 안에서 돌봄을 받는다. 선생님들은 이들을 'Wee 클래스' 등에 위탁해 적어도 다른 학생들의 수업에 방해가 되지 않도록 조치한다.

초등학생이나 중학생 가운데 일부는 종종 수업 시간에 선생님의 지시에 따르지 않고 학습에도 집중하지 못한다. 여러 가지 질문을 계속해서 수업 진행을 방해하거나 다른 친구들의 집중을 훼방하는 식이다. 마치 유아나 유치원생처럼 행동하기 때문에 '다루기 힘든 아이들'로 여겨진다. 또래 사이에서는 게임이나 놀이의 규칙을 받아들이지 않고 자기가 원하는 대로 규칙을 바꾸려고 하며, 받아들여지지 않으면 짜증을 낸다. 이런 태도는 주의가 산만하고 충동적인 기질 때문에 나타날 확률이 높다. 최근에는 ADHD 진단을 받은 뒤 약물을 복용하는 사례도 증가하고 있다.

실제로 ADHD 진단을 받은 한 초등학생은 자신의 요구가 수용되지 않을 때 바닥에 눕거나 뒹굴면서 큰 소리로 울었다. 수업 시간에 의미 없는 질문을 반복하고, 교사가 과제를 제시하면 곧바로 과제의 내용을 되묻는다. 이런 행동은 일반적인 수업에서 받아들이기 어렵고, 또래들에게 따돌림을 당하는 원인이 된다.

따돌림과 폭력, 교사에 대한 반항, 주의산만과 충동성 때문에 과잉행동을 보이는 청소년들은 교사와 또래뿐만이 아니라 가정에서도 보호자와 관계 맺기에 실패한다. 그 결과, 자기 자신과 타인, 세상에 대해 왜곡되고 비틀린 이미지를 구축하게 된다. 주위 모든 사람이 자신에게 호의적이지 않다고 느끼기 때문에 위축되거나 공격성이 높아지는 것이다. 이들에게 가장 필요한 것은 마음의 긴장을 풀고, 있는 그대로의 자신을 보며, 타인에게 받아들여질 수 있는 사회관계의 기술을 익히는 것이다.

디딤센터에서 무너진 일상생활을
회복하는 아이들

디딤센터 입교생 중에는 샤워와 같은 기본 위생과 식사나 기상과 같은 일상적 활동을 하지 못하는 경우가 많다. 또한 늦은 밤까지 친구들과 어울리면서 귀가가 늦어져 결과적으로 부모와 갈등과 마찰이 빈번해진 경우도 있다. 이런 경우 보호자는 자녀에 대한 통제가 불가능하고 자녀는 가출 같은 반항적 행동으로 자신의 의사를 표현하게 되면서 상황은 악화일로에 치닫는다. 상황이나 원인은 서로 달라도 이들은 결국 학교에 다니기 어려워진다. 출석일수 미달로 유급을 하고 자기보다 나이 어린 동급생들과 한 교실에 있기가 불편해져서 다시 학교에 빠지기 시작하면서 졸업은 점점 멀어지게 되는 것이다.

일상생활을 유지하기 어렵고 학교생활에 적응하지 못하는 정서행동장애 청소년을 집중적으로 치료하기 위해, 정부는 2012년 경기도 용인에 거주형 치료·재활시설인 '국립중앙청소년디딤센터(이하 디딤센터)'를 설립해 운영하고 있다. 외국의 경우 민간이 운영하는 기숙형 시설이 대부분인데, 국가가 시설을 운영하는 나라는 한국이 유일하다. 디딤센터는 1~2개월과 3~4개월로 구성된 장기치료과정과 4박 5일의 단기치료과정으로 운영된다. 청소년들에게 상담과 치료(음악, 미술, 무용·동작, 원예, 명상, 승마 치료 등), 공동체 중심의 문화 활동 및 야외활동을 경험할 수 있게 한다.

정서행동에 어려움이 있는 청소년들은 대체로 기상과 취침, 식사와 개인위생과 같은 기본 생활과 일상생활을 영위하는 데 어려움이 있다. 사람들 대부분이 어려움 없이 하는 기본적인 일상생활을 유지하지 못하는 것이 정서행동장애의 징표이자 결과이다. 그렇다 보니 디딤센터의 수료생이나 보호자들은 치료과정을 수료한 뒤 등교나 아침 기상과 같은 일상 활동을 자발적으로 해나갈 수 있게 된 것을 가장 기뻐한다.

입교생 대부분은 일상생활을 상실했고 기본적인 위생도 스스로 챙길 수 없는 상태였다. 그 원인이 무엇이든 간에 이들에게 우선 필요한 것은 자신이 해야 할 행동을 스스로 실행하고, 하지 말아야 할 행동은 스스로 통제하는 방법과 기술을 습득하는 것이다. 디딤센터의 상담선생님은 입교생이 자신의 이야기를 하면서 감정을 인식하고 언행을 조절할 수 있도록 돕는다. 또한 위생이나 수면 같은 기본 생활을 유지할 수 있도록 일반 가정처럼, 부모처럼 따뜻하게 보살피려고 노력한다.

처음에는 입교생들이 일찍 일어나기를 힘들어하고 피곤해하지만, 규칙적인 기상과 수면이 익숙해지면서 차츰 상쾌한 아침을 맞이할 수 있게 되며, 다양한 활동에 참여하면서 휴대전화 생각을 덜 하고 절제하는 방법을 터득하게 된다.

입교생들은 이런 과정을 통해 자신의 감정과 행동을 어느 정도 통제하고 조절함으로써 비로소 일상적인 생활을 할 수 있다. 사람들은 청소년들이 정서행동문제를 갖게 된 원인을 궁금해한다. 어쩌다가, 왜, 무엇 때문에 그런 행동을 했는지, 아니면 왜 정해진 행동을 하지 못했는지 그 원인을 묻는다. 하지만 이들이 자기 통제와 조절력을 상실한 이유를 찾아내 그 원인을 제거하는 치료에 집중했다면 오히려 실패했을지도 모른다.

원인을 탐색하기보다는 새로운 습관과 방법을 익히도록, 그 청소년의 문제와 직접 연결된 불편감과 이를 개선하려는 욕구를 좀 더 적극적으로 다루는 것이 중요하다. 예를 들어 좌절감이나 무기력의 근본 원인을 다루기보다는, 좌절과 무기력 때문에 입교생들이 겪고 있는 고통과 불편감을 구체적이고 직접적인 방법으로 다루는 것이 더 효율적이라는 말이다. 담당 선생님은 고통과 불편감이 좌절과 무기력에서 오는 것이 아니라 '더 잘 하고 싶은' 욕구에서 올 수 있다고 한다.

또한 현재 자신의 인간관계에서 나타나는 문제를 문제가 일어난 바로 그 현장에서 반복적으로 만나게 함으로써, 자신의 인간관계에 대한 욕구와 마주할 수 있게 하는 것이 중요하다. 자신이 원하는 만큼의 사랑과 인정을 얻지 못해서 좌절과 무기력을 느끼지만, 동시에 자신이 원하는 만큼의 사랑과 인정은 어디에도 없다는 것을 인정하게 됨으로써 불편감과 고통에서 해방되는 경험을 할 수 있다. 이런 과정은 입교생들이 누군가와 다퉜을 때 즉각적인 상담을 통해 다툼의 원인이 자신에게도 있다는 점을 깨닫는 것에서 시작한다. 또 상대를 적이라거나 나를 괴롭히는 사람이 아니라, 나의 부족한 점을 채워 줄 수 있는 존재라고 인식하면서 건강한 인간관계를 시도하게 된다. 이는 디딤센터의 선생님들이 누군가의 관찰 보고를 듣고 판단하는 것이 아니라, 바로 그 자리에서 입교생의 문제행동을 직접 보고 즉각적으로 개입해 대화로 풀어나가기 때문에 가능한 방법이다.

디딤센터에서는 많은 입교생이 농구, 배드민턴, 탁구와 같은 스포츠를 통해 또래들과 친해질 뿐 아니라 경기의 자세한 규칙과 방법을 배운다. 처음에는 재미를 느끼지 못하다가도 즐기면서 계속하다 보면 흥미가 솟아난다. 스포츠를 통한 활동치료는 규칙을 중심으로 어울리기, 집중하기, 새로운 기술 익히기와 같은 목표를 가지고 진행된다. 입교생들은 무엇이든 꾸준하게 계속하면 능력과 기술이 향상된다는 점을 깨닫고 성취감도 느끼게 된다.

입교생들은 기본 생활 습관 익히기를 비롯해 몇 가지 활동을 정기적으로 꾸준하게 함으로써 자신의 기술과 힘을 스스로 증진할 수 있다. 청소년들은 프로그램을 해나가는 과정에서 자신의 변화를 스스로 체험하고 인식하면서 오랫동안 고통받았던 정서행동문제를 조금씩 조절하고 완화해가게 된다.

디딤센터에서는 정서행동 치유 방법의 하나로 '로드 카운슬링 Road Counseling'을 진행한다. 전체 인솔자와 정해진 목표 거리까지 등산을 하면서 친구처럼 대화를 나누고 친밀감을 쌓아가는 프로그램으로, 학생 한 명당 멘토 선생님 한 명이 밀착 지원하는 방식이다. 청소년들은 평소 걸어 보지 않았던 길을 걸으며 자신의 의지를 시험하고, 집중해서 뭔가를 완수했다는 성취감을 맛보게 된다. 멘토 선생님에게 자신의 고민도 스스럼없이 이야기하고, 함께 캠핑하고 식사도 준비하면서 사회생활을 익힌다.

디딤센터 단기 프로그램 중에 산행 프로그램이 있다. 입교생인 중학교 3학년 ㄴ과 ㄷ, 그리고 중학교 1학년 ㄱ은 같은 조가 됐다. 11시 30분 출발지에 모여 인솔 선생님의 지도로 가볍게 몸풀기 체조를 한 후 산행을 시작했다. 처음에는 마을을 지나는 평지여서 좋았지만 계단이 나오면서 난코스가 시작됐다. ㄴ과 ㄷ은 서로 수다를 떨면서 잘 걸어 올라갔다. 그러나 마른 체구의 ㄱ은 운동화가 작아 발가락이 아프다며 힘들어했다. 인솔 선생님은 ㄱ의 발가락에 테이핑을 해주면서 힘들어도 도전해 보자고 격려했다. 친구들도 힘들어하는 ㄱ을 응원하면서 3킬로미터 지점까지 그런대로 잘 걸어갔다.

산길을 지나니 아스팔트가 깔린 마을길이 나왔다. 도로 위로 뜨거운 햇볕이 쏟아지는데 ㄱ이 또다시 발가락이 아프다고 했다. ㄷ도 더워서 힘들다며 바닥에 앉아 더 이상은 산행을 못 하겠다고 했다. 선생님들은 포기하는 아이들을 보며 마음이 편치 않았다. 조금만 더 참고 가면 성취감을 느낄 수 있을 텐데, 너무 쉽게 포기하는 건 아닌지 안타까웠다. 인솔 선생님은 포기하려는 아이들에게 파스를 뿌려 주고, 아이스크림을 사 주며 다시 힘을 내보자고 격려했다. 대학생 멘토 선생님도 추가로 같은 조에 배정해 주었다. 아이들은 투덜거렸지만 이내 다시 일어나 걷기 시작했다.

멘토 선생님과 같이 이야기하면서 걸으니 아이들이 처음보다 밝아진 것 같았다. 아이돌 가수의 노래를 부르면서 걷다 보니 부쩍 친해진 느낌도 들었다. 선생님과 아이들은 디딤센터에서 생활하는 이야기를 나누기 시작했다.

ㄴ은 학교에서 선생님에게 반항하는 문제아로 찍혔고, 학교폭력에 가담해 징계를 받은 적도 있다. 화가 나면 감정을 주체하지 못하고 주먹이 먼저 나가는 편인데, 디딤센터에 입교한 후 촉탁의와 상담하면서 약을 먹었더니 조절되는 것 같다고 했다.

ㄷ은 디딤센터에서 자신의 꿈을 발견한 것이 가장 만족스럽다고 했다. ㄷ은 디딤센터에서 바리스타 과정을 배우는 것이 재미있어서 수업이 없는 날에도 조리실에 들어가서 커피를 내리면서 연습한다. 수료 후 더 많이 공부해서 관련 자격증을 따고 싶다고 했다.

ㄱ은 디딤센터 입교 전부터 신경정신과에서 처방받은 우울증약을 먹고 있었다. 입교해서 잘 모르는 사람들과 알아가야 한다는 것이 처음에는 너무 힘들었고, 그만두고 싶을 때도 있었다. 그는 같은 숙소에서 지내는 ㄴ과 ㄷ이 없었다면 벌써 포기했을 거라며, 그들이 격려해 준 덕분에 지금까지 버티고 있다고 했다. 집에서는 아무것도 하기 싫고 꿈도 없었는데, 디딤센터에 와서 수업도 듣고, 선생님과 다른 입교생들과 이야기도 하면서 점점 꿈을 찾아가야겠다는 생각이 든다고 했다.

제법 긴 산행길을 오르면서 중간에 포기하겠다고 투정을 부리기도 했지만 ㄴ과 ㄷ, 그리고 ㄱ은 결국 산행에 성공했다. 산행을 통해 디딤센터라는 좋은 환경, 좋은 어른들, 좋은 프로그램이 아이들에게 긍정적인 영향을 주고 있다는 것을 다시 한번 확인할 수 있었다.

디딤센터에서 진행하는 산행이나 캠핑 프로그램은 청소년들이 도전을 경험하고 성취를 맛보게 하는 좋은 프로그램이다. 이런 경험이 많아질수록 청소년들은 더 크게 성장하며, 자신에 대한 긍정적인 이미지를 발견할 수 있다. 마음 건강을 위해서는 상담이나 치료 프로그램뿐 아니라 적절한 신체활동도 필요하다. 그런 의미에서 로드 카운슬링은 신체활동과 대화를 적절하게 결합해 목표를 성취하기 위한 행동을 요구하는 프로그램이라서 정서행동에 어려움을 겪는 청소년들에게 도움이 된다. 그 밖에도 디딤센터는 장기프로그램에 참여하는 청소년들을 위한 대안학교를 운영해 일반 학교 정규 수업으로 인정받도록 했으며, 학교 밖 청소년들을 위한 검정고시 지원도 하고 있다.

국립중앙청소년디딤센터 전경

화가 나요, 화가 나,
화가 나서 참을 수가 없어요!!

 디딤센터에는 입교생들이 잠을 자고 자유 시간을 보내는 공간인 10개의 '생활동'이 있다. 생활동 주변에는 아름드리나무들이 많아 멋진 조경을 자랑한다. 그런데 그중 한 그루의 나무 밑동이 반쯤 드러날 정도로 손상된 일이 있었다.

 십 대 후반의 청소년 ㄹ은 학교폭력 피해 및 가해 중첩 경험자로 화를 참기 어려워하고, 학교에서 자주 규칙을 위반하고 교사에 대한 반항이 심해 센터에 입교했다. 어느 날 저녁, ㄹ은 생활동에서 함께 지내는 동생들이 자신에게 버릇없이 행동하는 것 같아서 화가 났다. 담당 지도자는 ㄹ이 동생들에게 폭력을 행사하거나 시설을 훼손하지 않도록 생활동 앞의 나무에 감정을 표출하도록 지도했다. ㄹ은 약 1시간 동안 나무와 씨름했는데, 그 결과 나무의 밑동 일부가 뽑혔다. 지도 선생님은 생활동에 남아 있는 다른 입교생들에게 양해를 구하고 1시간 동안 ㄹ의 옆을 지켰고, ㄹ 스스로 괜찮아졌다고 했을 때 그의 손을 정성껏 치료해 주었다.

 ㄹ은 이전에 몇 차례 센터를 벗어나려고 시도했었다. 나중에 알려

진 사실인데, 탈출한 ㄹ을 쫓아 달리던 디딤센터 원장의 새 휴대전화가 파손되기도 했다(디딤센터 선생님들에게는 흔히 일어나는 일이다). ㄹ의 탈출에는 목적이 없었다. 그는 디딤센터가 아니었더라도 탈출했을 것이다. 그의 목적은 '탈출' 그 자체에 있었기 때문이다.

ㄹ은 자기 자신을 참을 수가 없어서 폭력성을 드러냈다가 인간관계가 무너지는 것을 반복적으로 경험했기 때문에, 무의식적으로 디딤센터 선생님들과의 관계 역시 '망했다'고 생각하고 도망치는 쪽을 택한 것이었다. ㄹ에게는 '탈출'이든 '도망'이든 이런 행동이 자신이 걱정하는 결과, 즉 사람들과 관계가 틀어지게 만든다는 것을 생각할 여유가 없었다.

ㄹ이 나무를 상대로 분노를 표출하게 해서 결과적으로 손을 다치게 내버려두는 것이 과연 옳은 교육 방법인지 문제를 제기하는 사람도 있을 것이다. ㄹ의 손에 일주일 정도 치료해야 하는 부상이 생기더라도, 자신이 당한 공격에 대한 복수심으로 자기보다 약해 보이는 누군가를 공격하고 그 결과로 돌아오는 부정적 피드백 때문에 겪게 되는 고통을 줄여줄 수 있다면, 이런 방법도 해 볼 만한 시도라고 생각한다.

국립중앙청소년디딤센터 입교생의 60~70%는 분노와 충동성 조절에 실패해서 고통받는다. 이런 경우 대체로 폭력, 규칙 위반, 반항 등 각종 품행 문제로 다른 사람들에게 자신의 문제를 드러내는데,

이를 '품행장애'라고 한다.[35]

문제 행동은 크게 '내현화' 요인과 '외현화' 요인으로 분류할 수 있다. 불안, 우울, 조현병이나 자살 및 자해 행동 그리고 의학적인 이상이 없음에도 통증과 같은 다양한 신체 증상을 반복적으로 호소하는 경향을 내현화 요인이라고 한다. 또 반사회적 행동이나 공격성, 약물 사용 등은 외현화 요인이라고 한다.[36] 외현화 요인에 따라 나타나는 절도, 기물 파괴, 거짓말, 무단결석, 가출과 가시적 공격 행동 역시 외현화 품행장애에 포함된다. 이런 행동은 법적으로 '비행'에 속한다.[37]

품행장애를 보이는 청소년들의 특징은 대체로 교사나 보호자에게 불순종하고 심지어 또래들 사이에서도 건방지고 부정적인 '불순응'을 보인다.[38] 그 때문에 일상생활에서 또래들을 괴롭히고 그런 행동을 제지하는 권위를 가진 사람들과 끊임없이 규칙에 대해 논쟁하고 변명하면서 자신을 정당화하려 한다. 또한 다른 사람을 곤경에 빠뜨리거나 자기 관점을 고수하기 위해 쉽게 거짓말을 한다.

ㅁ은 아버지가 매일 일찍 퇴근했으면 좋겠다고, 학교에서 집으로 돌아왔을 때는 어머니가 없었으면 좋겠다고 기도했다. 언젠가부터 ㅁ에게 어머니는 악마였다. 평소에는 친절하다가 갑자기 악마로 돌변해 폭력을 행사하는 어머니를 이해하기 힘들었다. 심지어 같이 죽자며 ㅁ의 목

을 조르는 어머니의 모습은 충격적이었다. 어머니가 자신을 죽이려 한다는 걸 아버지에게 말해 봤지만 아버지는 믿지 않았다. ㅁ은 억울했다. 그렇게 ㅁ은 지옥 같은 가정의 울타리 안에서 어린 시절을 보냈다.

ㅁ이 중학생이 됐을 때, 친구들의 싸움에 연루돼 억울하게 누명을 쓰는 일이 벌어졌다. ㅁ은 담임교사에게 자신이 그 싸움과 관련이 없다고 말했지만 선생님은 믿어 주지 않았다. 부모 역시 ㅁ의 말을 믿지 않았고, 오히려 자식이 학교폭력 가해자라며 부끄러워했다. 친구들 역시 ㅁ을 가해자로 여기고 피했다.

학교폭력대책심의위원회가 열렸고, ㅁ은 억울하다고 외쳤지만 징계는 피하기 어려웠다. ㅁ은 가정도 학교도 더 이상 자신을 보호해 주지 못한다고 생각했다. 이후 학교 가는 것을 거부했고, 집에도 들어가지 않고 밖에서 배회하며 지냈다. 오히려 가출하면서 만난 친구들이 자신을 믿어 주는 것 같았다.

자신을 믿어 주지 않는 가족과 선생님, 친구들은 더 이상 ㅁ에게 필요 없는 존재였다. 이후 ㅁ은 갈등 상황이 생기면 폭력을 썼다. 어릴 때 어머니에게 맞으면서 참았던 때보다 차라리 소리를 지르고 주먹을 휘두르고 나면 속이 시원했다. 그의 부모는 ㅁ을 신경정신과로 데려갔고, 그는 분노조절장애와 행동장애 진단을 받았다.

디딤센터 입교식이 있던 날, ㅁ은 부모에게 버림받았다고 생각했다. 이런 깊은 산속에서 3~4개월을 지낸다고 생각하니 죽고 싶은 마음이 들었고 다른 입교생들도 모두 버림받은 인생처럼 보였다. 디딤센터의 생활이 전혀 기대되지 않아 숙소 침대에 누워 눈물만 흘렸다. 그러던 어느 날 옆에 있던 초등학생 아이가 말을 걸어왔다. 자기는 ADHD 약을 먹는다며, 사람들이 자기를 괴물이라고 부른다고 말했다. ㅁ의 눈에는 너무 착하게만 보였는데, 어릴 때부터 괴물이라는 소리를 들으며 자랐다니 불쌍했다. 그 순간 이 아이를 돌봐줘야겠다는 생각이 들었다. ㅁ의 디딤센터 생활은 그렇게 시작됐다.

ㅁ은 초등학생 동생들에게 공부를 가르쳐 주고, 스스로 식사 지도를 도왔다. 대안학교 수업 시간에도 담당 선생님을 도와 동생들을 가르쳤다. ㅁ은 누군가에게 무엇을 가르치는 것에 흥미를 갖게 됐고, 대안학교 선생님은 ㅁ에게 좋은 선생님이 될 수 있을 거라고 격려했다.

ㅁ은 상담선생님과 이야기를 나누면서 어머니에게 학대받은 사실을 털어놨고, 선생님의 도움으로 어머니와 함께 상담을 받고 병원 치료를 시작했다. 어머니도 우울증 진단을 받고 오랫동안 힘들어했고, 눈물을 보이며 ㅁ을 괴롭힌 것을 사과했다. 어린 시절 악마 같았던 어머니에게 쌓인 감정이 모두 녹아 없어지는 순간이었다.

디딤센터에서 지낸 4개월은 ㅁ에게 많은 것을 느끼게 해준 시간이었다. ㅁ은 디딤센터에서 자신이 누군가에게 도움이 될 수 있는 존재임을 깨달았고, 디딤센터를 수료해서 집으로 돌아가더라도 누군가에게 도움이 되는 존재가 되고 싶다고 했다.

화가 난 청소년에게 왜 화가 났는지, 분노와 폭력의 원인을 찾는 것도 필요하겠지만, 그들이 현재 느끼는 고통에 집중해서 그 고통을 줄여주는 데 집중하는 것이 더 중요하다. 즉 긴장을 느끼는 상황, 문제에 부딪혔다고 느껴지는 순간, 문제에 대해 상대방에게 비공격적으로 응답하도록 하는 훈련이 필요하다.

예를 들어 ㄹ의 사례처럼 자신과 타인이 다칠 수 있는 기물이 아닌 샌드백 같은 허락된 대상물에 자신의 공격성을 해소하는 방법을 연습하게 하고 실제로 연습한 대로 행동했을 때, 조절과 통제를 통한 만족감을 느끼게 하는 것도 해법이 될 수 있다. 디딤센터에서는 입교생이 다른 사람과 다투거나 선생님과 규칙 위반에 대해 논쟁할 때 '오색천자문 쓰기'라는 과제를 내준다. 다섯 글자를 하나의 단위로 해서 서로 다른 색깔로 천자문을 쓰는 것이다. 입교생들에게는 분명히 벌칙이지만, 색깔을 바꿔 써야 해서 집중력을 높이는 데 도움이 된다. 같은 글씨를 반복적으로 쓰는 과정에서 감정을 조절할 시간도 확보할 수 있어서 공격적인 행동을 해결하는 과제로 자주 사용된다.

ㅁ의 경우처럼 자신과 비슷한 처지에 놓인 사람들과 교류하면서 공격성을 조절하는 방법도 있다. ㅁ은 자신에게 말을 건 초등학생에게서 자기 모습을 발견했을 것이다. 자신은 가해자가 아니라고, 어머니가 행사한 폭력의 피해자라고 아무리 외쳐도 가해자로 낙인찍

했고 결국 진짜 가해자가 됐던 것처럼, 자신에게는 착하게만 보이는 초등학생이 '괴물'이라는 낙인 때문에 고통받고 있는 모습에서 동질감을 느낀 것이다. 우리는 보통 이런 감정에 '연민'이라는 이름을 붙인다. ㅁ의 사례는 자기 연민이 타인에 대한 측은지심으로 발전한 경우이다.

어떤 입교생들은 매우 심각한 공격성을 표출하면서 지도자와 또래들에게 폭력을 쓰고 욕설을 퍼붓고 침을 뱉기도 한다. 이것을 '행동화acting out'라고 한다. 이렇게 지나치게 공격적인 행동에 대해서는 선생님들이 일정 시간 동안 입교생의 신체나 문제행동을 제지하는 '신체적 위기개입'을 할 수 있다. 물론 '진정해라', '안정실로 가자', '무엇 때문에 화가 났는지 이야기해 보자'와 같은 언어적 개입이나, 진정을 위한 숨쉬기, 물 마시기, 타임아웃 등 행동적 개입이 우선된다. 그러나 이런 방법으로도 입교생의 안전을 확보할 수 없는 경우에는 불가피하게 신체적 개입을 하게 된다.

만약 자정에 집으로 보내 달라면서 센터 밖으로 나가려는 청소년이 있다면, 일단 다른 입교생들에게 방해가 되지 않도록 안정실로 데려가서 조용하고 차분한 분위기에서 대화를 시도한다(언어적 개입). 이런 시도를 해봐도 계속 집에 가겠다고 고집하면서 안정실에서 나가려고 한다면, 물을 마시면서 잠시 대화를 멈추고 마음을 가라앉히는 타임아웃을 시도해 본다(행동적 개입). 그러나 타임아웃이 제대로 이뤄지지 않고 소리를 지르고 욕을 하면서 지도자에게 폭력을 행사하면 비로소 신체적 개입을 한다. 이때 지도자는 벽이나 바닥에 입교생의 등을 밀착시키거나 눕힌 후에, 자신의 손과 다리 또는 몸통을 활용해 입교생의 손과 다리 또는 몸통이 움직이지 않도록 한다.[39]

신체적 개입이 이뤄질 때 또 다른 지도자는 해당 입교생이 진정하고 위기개입의 의미를 알 수 있도록 설명해야 한다. 때로는 위기개입 상황을 보며 지도자에게 심한 욕설이나 협박을 하는 일도 있다. 이때 직접 신체적 개입을 하고 있는 선생님을 제외한 다른 지도자는 계속해서 입교생을 이해시키기 위한 대화를 이어나가는 것이 중요하다.

"○○아, 지금 선생님들이 너한테 폭력을 쓰는 게 아니야. 조금만 진정하고 느껴 봐. 선생님이 네 팔과 다리를 잡고 있는데 선생님이 잡은 팔과 다리가 아픈지 안 아픈지 한번 느껴 봐. 아마 너는 하나도 안 아플 거야. 선생님들이 자기 힘으로 버티고 있는 거지. 네 팔과 다리를 누르고 있는 게 아니니까 너는 아프지 않은 거야. 네가 욕하는 것을 멈추고 소리 지르지 않고 진정하면 선생님들이 풀어줄 거니까 편하게 누워서 마음을 차분하게 가져 봐. 그런 뒤에 어떻게 갈지 이야기해 보자."

입교생이 몸에 힘을 빼고 고성과 욕설을 멈추면 신체적 개입을 멈추고 다시 대화를 시작한다.

품행장애가 있는 청소년들이 이렇게 폭발하는 것은 대체로 몇 개의 단계를 거쳐 나타나기 때문에 촉발 단계에서 알아채고 입교생 스스로 문제를 해결하도록 도와야 한다.[40] 그러나 촉발 원인을 처음부터 알기란 쉽지 않다. 입교생들과 충분한 시간을 보내면서 특성을 파악하고 폭발 패턴을 분석함으로써 촉발 단계에서 자신의 감정을 인식할 수 있도록 끊임없이 지도해야 한다.

입교생들이 이런 지도 방식을 받아들이는 이유는 선생님을 향한 신뢰와 애정이 있기 때문이다. 디딤센터에 입교하면 단기과정에서는 대학생 멘토가 1:1로 밀착해 심리적 문제를 살피면서 지지해 준다. 장기과정에서는 6명이 거주하는 1개 동에 4명의 선생님이 배치돼 생활 습관과 사회적응 행동을 익히도록 지원한다. 그 결과 2016~2020년 입교생들의 심리검사 결과를 보면, 정서와 행동의 위험지수는 23.9% 줄어든 반면, 긍정지수는 13.4% 늘어난 것으로 나타났다.

우울한 마음의 동굴에서
나왔어요

디딤센터에는 자살 시도 또는 비자살성 자해 문제로 고통받는 입교생과 보호자들이 상당수에 이른다. 흔히 비자살성 자해 행동은 생명을 잃는 수준까지 가지는 않는다고 덜 심각하다고 생각할 수 있다. 그러나 자해 행동 이후 적절한 조치가 취해지지 않으면 의도치 않게 생명에 지장을 줄 수도 있으니 주의해야 한다.

입교생 일부는 여러 가지 이유로 비자살성 자해 행동을 계속하는데, 그 원인을 밝혀서 제거하는 방식의 치료는 과정이 복잡하고 시간도 오래 걸려서 효과를 기대하기 어렵다. 따라서 자해 행동이 주로 어떤 상황에서 시도되는지 살펴보고, 그런 상황에 놓였을 때 사용할 수 있는 대체 행동을 알려준다. 예를 들어 손목에 고무줄을 걸고 다니면서 고무줄을 튕기거나 장소를 잠시 이동하는 방법 등이다.

또한 자신이 견딜 수 없다고 느끼는 상황이나 해결하기 어려운 문제에 맞닥뜨릴 때마다 느끼는 긴장을 자해 행동으로 해소하려는 청소년들에게는 바로 그 어려운 문제나 참기 어려운 상황이 무엇인지 스스로 구체적으로 말할 수 있도록 돕는다. 개입 초기에는 자신을 괴롭히는 구체적인 상황, 사람, 사건을 이야기하면서 누군가를 탓하고 억울해하고 좌절하기도 하지만 시간이 지날수록 자신이 어렵게 느끼는 상황과 관계를 추상화할 수 있게 된다. 이렇게 자해 충동을 스스로 조절할 힘이 조금씩 커지면 담당 선생님은 그런 변화를 설명해주고 칭찬하고 격려한다. 자신이 바뀌면서 가족들과 선생님, 친구들의 시선과 태도가 달라지는 것을 감지했을 때 입교생들에게 큰 변화가 나타난다.

이런 변화가 계속 이어지는 것이 가장 바람직하겠지만, 치료과정을 수료한 이후 약 복용을 잠시 중단하거나 심한 긴장이 계속돼서 돌발 상황이 벌어져 우울감이나 불안감이 높아지면 다시 자살 시도나 자해 행동이 나타날 수 있다. 중요한 것은 그런 일이 생기더라도 입교생들이 다시 일상생활로 돌아갈 방법을 알고 있다는 점이다. 그들은 더 이상 이전의 그들이 아니다. 스스로 디딤센터에서 배운 방법을 시도해 보고 다시 일상을 회복하려고 노력한다. 그런 일상이 무척 좋았다는 것을 그들이 알고 있기 때문이다.

디딤센터에서는 입교생들의 자해를 예방하기 위해 센터에 복귀할 때마다 소지품을 검사한다. 먼저 반입 금지 품목(칼, 가위 등 날카로운 물건 일체)을 공지하고, 그런 물건을 가져왔다면 생활동에 들어가기 전에 반납하도록 한다. 이후 각 생활동 별로 모여서 각자의 소지품을 펼쳐 놓게 한 다음, 스스로 반입 금지 품목이 있는지 점검한다. 초기 과정에서는 금속탐지기를 사용하기도 한다. 소지품 검사가 언뜻 보면 인권 침해로 보일 수 있다. 그러나 이는 자해 및 자살 예방법 가운데 하나로, 최대한 안전한 환경을 만들기 위한 것이다. 마찬가지로 창문에 설치한 센서도 이동권을 제한하는 침해적 조치가 아니라 입교생들의 안전을 보장하는 최소한의 방책이다. 자살과 자해 행동 위험이 있는 환경적 요소를 통제하는 것이다.

디딤센터에 입교하는 청소년 대부분은 정신의학적 진단에 따라 약물을 복용한다. 정신과적 약물을 복용하는 것에 대한 사회적 인식이 예전보다는 상당히 좋아졌다. 그런데도 아직 많은 보호자가 자녀들이 치료재활프로그램에만 참여하면 더 이상 약물을 복용하지 않아도 일상생활을 할 수 있을 거라고 기대한다. 이런 기대 때문에 디딤센터에 입교할 때 의사의 지시도 없이 약물 복용을 중단하는 사례도 있다. 그러나 디딤센터에서는 촉탁의들과 정신의학적 상담을 통해 약물을 제대로 복용할 수 있도록 지도한다. 인격적인 교육과 지도만으로도 치료와 재활 훈련을 진행할 수 있지만, 과학적인 방법을 병행해 처방받은 약물을 성실하게 복용하도록 지도하는 것이다.

정신과적 약물은 어느 정도 부작용이 나타날 수 있다. 하지만 뇌의 작용(화학물질과 호르몬)을 조절해 주기 때문에 오히려 학교생활이나 또래 관계와 같은 일상생활을 유지하게 해주고 재활과 적응 가능성을 높여 주는 긍정적인 면이 더 많다. 마치 고혈압이나 고지혈증 약이 고혈압과 고지혈증 자체를 영구히 제거하지는 못하지만, 혈압을 정상 수준으로 유지하게 해서 운동과 식단 조절로 건강을 관리하면서 고혈압을 해결하는 장기적인 대안을 갖도록 하는 것과 같다.

디딤센터 입교 청소년들의 활동치료프로그램의 하나인 도자기 굽기.
이런 예술활동을 통해 청소년들은 집중력 및 단계적인 과제 수행능력을
증진시켜 나간다.

정서행동문제의 원인을
부모나 아이 탓으로 단정할 수 없다

디딤센터 입교 전 의뢰기관의 선생님이나 지도자는 자신이 관찰한 입교 희망 청소년의 문제행동과 가정환경 보고서를 제출해야 한다. 가정환경 보고서에는 부모의 양육 태도에 대한 평가가 포함되는데, 이때 청소년의 보호자를 '권위적' 또는 '방임적'이라고 표현하는 경우가 많다.

'권위적'이라는 것은 강압적일 정도로 엄격하고 양육자에게 복종을 요구하며 체벌을 사용하는 보호자들의 행동을 포괄한다.[41] '방임적'이라는 표현은 '허용적' 유형에 가깝다. 허용적인 양육 태도는, 보호자가 자녀에게 완전한 자유를 허용하면서 규칙과 제한을 두지 않아 자녀들이 매사를 스스로 결정하고 행동한다.

물론 입교생의 정서행동문제 원인이 모두 부모의 양육 태도라고 볼 수는 없다. 실제로 정서행동장애의 원인은 누구도 단정해서 말할수 없으며, 유전과 환경이 상호작용해서 행동 발달에 영향을 미친다는 것이 학계의 정설이다.[42]

부모가 이혼하고 아버지와 함께 살게 된 뒤 따돌림의 피해자가되어 우울 증상을 보였던 한 초등학교 4학년 학생의 사례를 양육 태도의 측면에서 보면, 부모의 이혼으로 양육환경이 달라진 것이 취약 요인이라 할 수 있다. 또 다른 중학교 1학년 입교생은 보호자가 위생과 학습 등 기본 생활에 대해 아무런 지도도 하지 않고 방임했다. 그는 학교에 하루 출석하고 석 달 가까이 결석했고 이후 일상생활 회복에 도움을 받으려고 디딤센터에 입교했다. 이런 경우에는 부모의 방임이 취약 요인이지만, 문제를 촉발한 것은 중학교라는 새로운 환경에 적응해야 하는 상황적 요인이었다고 볼 수 있다.

이처럼 양육 태도가 정서행동문제의 유일한 원인이라고 할 수는 없으나 취약 요인으로 작용하거나 직접적인 촉발 원인이 되기도 한다. 이에 디딤센터는 '권위적' 또는 '허용적' 태도로 양육한 보호자들이 자신의 태도가 자녀에게 미친 영향을 인식하고 개선하려고 노력함으로써 입교생의 재활에 협력할 수 있도록 돕는다. 주 1회 멘토가 보호자들을 방문해 양육코칭과 교육을 하는 '패밀리 멘토링'이나 정기적으로 부모 상담을 해서 치료프로그램의 효과를 지속시킨다. 한편, 이를 보호자와 입교생들의 관계 회복에 활용하기도 한다. 일부 보호자들은 입교생들을 장기적으로 '맡겨' 두면 아이들에게 '극적인' 변화가 있을 거라고 기대한다. 그래서 기관의 부모교육이나 상담에 참여해 달라는 요청을 거부하는 보호자도 있다. 그러나 이런 태도는 청소년의 정신건강 상태에 부정적인 영향을 미친다.

부모나 보호자에게도 오랫동안 괴로웠으나 스스로 인식하지 못했던 문제가 있을 수 있으며, 그것 때문에 자녀에게 해가 되는 양육 태도를 습관적으로 해왔을 수도 있다. 다만 오래된 문제를 모두 다룰 수는 없으니 양육 태도와 관련된 핵심문제만이라도 해법을 찾아가는 노력을 기울인다면 습관적 태도가 개선될 수 있다.

국립중앙청소년디딤센터 치료재활 과정 및
입교신청 방법

기관 소개

• 소재지 경기도 용인시 처인구 남사면 각궁로 252-76

• 시설 규모

 총 부지면적 26,109㎡(7,897평), 연건평 4,997.97㎡(1,511평)

• 입교 규모 85명(장기 생활동 60명, 단기 생활동 25명)

• 주요시설

 상담·치료시설 | 개인상담실, 집단상담실, 놀이치료실, 모래놀이치료실, 미술치

 료실, 음악치료실, 원예치료실, 심리검사실, 뇌과학치료실 등

 교육 시설 | 대안교실, 교무실, 독서실 등

 활동 시설 | 바리스타실, 요리실, 목공예실, 도예실, 체육관, 소공연장, 풋살장,

 야영장, 텃밭, 동물농장, 집단활동실 등

 기타 시설 | 구내식당, 의무실

과정 안내

구분	오름	디딤 1기	디딤2기
모집 대상	*연령 : 만 9세~만 18세(만 9세는 입교일 기준, 만 18세는 수료일 기준) *정서·행동 영역에서 우울, 불안, 주의력결핍 과잉행동장애(ADHD) 등의 문제로 학교생활이나 대인관계에서 어려움을 겪는 청소년 ※ 사회복지기관(쉼터, 그룹홈, 아동복지센터 등) 거주 청소년 및 학업 중단 청소년도 신청 가능		
입교 기간	약 1개월	약 4개월	약 4개월
모집 인원	60명	60명	60명
대안 교육		교육청 인정 위탁형 대안교육 운영으로 4개월 입교 기간 출석 인정(학교장 승인, 입교 기간 중 중간·기말고사 센터 내 가능 여부 확인 필요)	
신청 방법	*학교 및 시·군·구 교육지원청, 청소년상담복지센터, 청소년쉼터, Wee 스쿨·센터, 청소년 및 아동복지시설 등을 통한 기관 신청 또는 개인 신청(2022년부터) *인터넷접수(전산시스템 http://center.nyhc.or.kr)		
비용	*국민기초생활보장 수급(권)자 비용 면제(증명서 제출자에 한함) *차상위계층 비용 면제(증명서 제출자에 한함) *한부모가족지원대상자 비용 면제(증명서 제출자에 한함) *일반가정 청소년 월 30만 원		
참고사항	*매주 주말 가정 복귀 및 보호자 교육 참여 등 보호자 협조 필수 [보호자 협조 : 주말 귀가 및 센터 복귀, 보호자 상담, 입교식·수료식 참여, 1박 2일 가족캠프(디딤), 보호자 방문의 날, 보호자 교육 참여 등] ※ 시설 거주(쉼터, 그룹홈, 보육시설 등) 청소년 주말돌봄 서비스 제공 *심사 및 입교과정 중 의뢰기관 의뢰 담당자의 협조 필요 ① 의뢰 소견서 내 정확한 정보 제공 및 적합 대상자 의뢰 ※ 보호관찰 등 입교 기간 중 법적 문제 관련 여부, 가족 관계(법적 보호자) 등 ② 청소년 및 보호자 입교 참여 독려 ③ 의뢰기관 간담회 참석(디딤 1기 과정에 한함) ④ 입교과정 중 담당 의뢰자 변경 시 센터에도 정확한 인계 필요		

입교 절차

의뢰	(1차 기관 스크리닝)
• 청소년상담복지센터, 학교밖 　청소년지원센터 • 교육청, 학교, Wee 센터 • 청소년 양육·보호시설 • 청소년복지시설	• 모집 대상 　- 연령 : 만 9세~18세(만 9세는 입교 시기 기준, 수료 시 　　만 18세는 유지) 　- 대상 : 정서·행동 영역에서 어려움을 가지고 있는 청소년 　- 신청 : 청소년상담복지센터, 학교밖청소년지원센터, 학 　　교 및 시·군·구 교육지원청, 청소년쉼터, Wee 센터, 청 　　소년 및 아동복지시설을 통해 신청
초기 평가 • (1차) 신청서류심사 • (2차) 면접심사 및 심리검사 • 청소년의 필요(needs) 확인 • 심층 면접	• 문제평가 : 위기 정도 체크(부모/청소년), 선별검사(청소년) • 청소년의 필요(needs) 파악 : 청소년 • 서약서 작성 : 청소년/보호자 　※ 초기 평가자료는 입·퇴교 판정 및 치료에 필요한 자료 　　로 활용
입교 결정 • 입·퇴교판정위원회 입교 결정 　(재적 과반수 출석, 출석 과반 　수 동의)	• '입·퇴교판정위원회'를 개최해 의뢰기관 신청서와 초기 　평가자료 등을 토대로 결정 　※ 입·퇴교판정위원회 심의 결과 비입교 대상은 적절한 　　타 기관으로 연계 의뢰 및 결과 통보 　※ '입·퇴교판정위원회'는 총 12인 내외로 구성(외부위원 　　10인, 내부위원 2인)
입교 안내 • 생활규칙·상담프로그램 소개 • 시설 라운딩 • 부모 교육 • 반 배정, 상담 및 생활 선생님 　소개	• 입교자 대상으로 기관 및 시설 이용 안내, 준수규정(생활 　수칙 등) 및 프로그램 안내 등 • 개별적용 프로그램을 결정하기 위한 심리검사 시행 • 그룹과 담임 배정 • 개인별 프로그램 주간·월간 계획표 수립

치료·생활·교육	• 개인·집단 상담
• 개인·집단상담·치료	• 심리검사(MBTI, MMPI, SCT 등)
• 촉탁의 진료	• 음악·놀이·모래놀이·미술·승마치료 등
• 인성 및 사회성 개발 프로그램	• GRIP(게슈탈트 관계성 향상) 프로그램
• 대안교육, 체험학습 등	• 가족 캠프 및 드라마치료
	• 치료 레크리에이션, 공동체 프로그램
	• 대안교육(오름과정 제외), 체험학습, 자립지원
종결(수료)	• 오름과정-1개월, 디딤과정-4개월 과정 이수 후 수료
• 입교 기간 만료 및 긍정적 목표 달성	• 문제 상태·행동 개선 정도가 빠른 경우에는 조기 종결 가능
• 가정복귀 원칙	• 개인별 문제 상태·행동 개선상황 및 서비스 제공 기간에 상관없이 다음 각 호에 해당하는 경우는 조기 수료 및 중도 퇴교
• 타 기관 연계	1. 본인 및 부모, 의뢰기관에서 조기 수료를 요청한 경우
	2. 입교생이 질병 등으로 일정 기간 이상 의료기관 연계가 필요한 경우
	3. 타 입교생에게 위해 가능성이 있는 경우
	4. 공동체 생활이 불가능한 경우
	5. 기타 규칙 위반 사항 등이 심각한 경우

사후관리
• 서비스가 종결된 이후 가정 복귀 또는 지역사회 시설로 연계
• 지역기관에 연계·의뢰해 문제행동의 재발 방지 및 관리

3장

또래와 함께
성장하는 아이들,
자녀와 함께
성장하는 부모들

따돌림, 사이버폭력으로 고통받고 있어요

학교폭력 피해자의 '고통'은
세월이 치유하지 못한다

"항상 생각나요. 그 아이들의 얼굴, 생각만 해도 정말 눈물이 나요. 꿈속에서도 저를 괴롭히더라고요." 19세의 한 학교폭력 피해자는 1주일에 한 번씩 가해자가 나오는 꿈을 꿔서 스트레스를 받는다. 42세의 한 남성은 아직도 학교폭력으로 받았던 억울함, 분노의 감정을 잘 조절하지 못하겠다고 호소한다.[43]

학교폭력을 당한 피해자들의 정신적인 트라우마가 얼마나 오랫동안 깊은 상처로 남아 있는지를 잘 보여주는 사례다. 최근 스포츠 선수들이 학창 시절에 저질렀던 학교폭력 가해 사건이 언론을 통해 알려지면서 학교폭력 미투가 봇물 터지듯 나오고 있다. 10여 년 또는 그보다 더 긴 세월이 지났지만 학교폭력의 상처에서 벗어나지 못한 피해자들은 여전히 자신들의 상처를 이야기한다. 그렇게 함으로써 -법적으로 처벌할 수 있는 공소 시효는 지났을지라도- 가해자의 본모습을 대중들에게 널리 알리고 싶어 한다. 유명인에 대한 학교폭력 미투는 대중의 인기와 부를 누리며 본모습을 감추고 사는 가해자에게 도덕적 비난이라도 받게 해야겠다는 생각에서 나오는 것이다.

학교폭력 피해자들은 오랜 시간이 지나도 계속해서 심리적인 고통을 받으며 살고 있는 자신과 달리 가해자는 버젓이 잘살고 있는 사실을 보면서 그때의 상흔이 헤집어지는 느낌을 받는다고 한다. 피해 당시에는 자존감이 매우 낮아진 상태였다. 보복이나 2차 피해에 대한 두려움, 사건 은폐나 축소에 대한 걱정으로 신고나 다른 대응도 할 생각을 못 했다. 하지만 이제라도 가해자가 처벌을 받고 대가를 치른다면 자신의 상처가 치유될 수 있을 거라고 생각하는 것이다.

2011년 대구의 한 중학생이 학교폭력으로 극단적인 선택을 한 사건을 계기로, 2012년 2월 정부는 '학교폭력 근절 범정부 종합대책'을 마련했다. 이는 학교폭력 예방 제도 및 신고 시스템을 체계화하는 전환점이 됐다. 구체적으로는 사소한 괴롭힘도 범죄라는 인식 아래 피해자 보호를 최우선으로 하고, 학교폭력이 은폐되지 않도록 철저하게 대응하기 위한 7가지 실천 정책을 담고 있다.

주요 내용을 살펴보면 첫째, 학교폭력에 대한 학교장과 교사의 책임과 역할을 강화했다. 학교장이 가해자에게 우선 출석 조치를 명할 수 있는 긴급조치제가 도입됐으며, 학교폭력 대책 심의위원회 운영이 의무화됐다. 학교에 전문 상담실을 설치하고 전문 상담교사를 배치하도록 했다. 또한 학교폭력 관련 징계 사항을 학교생활기록부에 기재하고, 이를 학생 이해와 지도에 활용하도록 했으며 상급 학교 진학할 때 자료로 제공하도록 했다. 이는 학교폭력과 관련해 가장 강력한 조치로 인식된다.

둘째, 학교폭력 신고전화를 117로 통합하고, 24시간 운영하는 '117 학교폭력 신고센터'를 광역 단위로 확대 설치했다. 학교폭력 신고센터에 접수된 사안은 경중에 따라 경찰청 또는 학교 Wee 센터, 지역사회 청소년안전망의 거점 역할을 하는 청소년상담복지센터로 보내 처리하도록 했다.

셋째, 피해 학생에 대한 우선적 보호와 치유 지원을 위한 조치들을 대폭 강화했다. 「학교폭력 예방 및 대책에 관한 법률」 제16조 피해 학생에 대한 보호 조치 중 '전학 권고'를 삭제했다. 가해 학생은 학교에 남아 있는데 피해 학생이 전학을 가야 하는 억울한 상황이 일어나지 않도록 한 것이다. 피해 학생들의 심리적 고통을 줄이기 위한 심리상담을 의무화하되, 피해 학생의 신속한 치료를 위해 선先치료지원·후後처리지원 시스템을 마련했다. 또한 면대면 상담을 꺼리는 청소년들이 고민을 쉽게 털어놓을 수 있도록 청소년사이버상담센터 1388(www.cyber1388.kr) 서비스를 개시했다. 그 밖에도 학교폭력을 예방하기 위한 또래상담자 양성 사업을 확대했다.

정부의 대책은 피해자에 대한 보호 지원을 한층 강화했다는 평가를 받는다. 학교장의 권한으로 가해 학생에게 즉시 출석 조치를 할 수 있게 하고, 학교폭력 징계 사항을 생활기록부에 기재하게 한 점, 피해 학생에게 치료비를 선지급하게 한 점 등은 긍정적으로 평가된다. 그러나 학교폭력에 대해 담임선생님의 역할과 권한이 부족하고, 학교폭력대책심의위원회의 전문성이 부족한 점 등은 개선할 사항으로 꼽힌다. 이후 정부는 매년 총리가 주재하는 학교폭력 관련 관계장관회의를 열어 대책의 실효성을 점검하고 미흡한 점을 보완하는 작업을 하고 있다.

신체적인 폭력보다 더 고통스러운
'집단 따돌림'이 늘고 있다

ㅂ은 말이 어눌하다는 이유로 초등학생 때부터 따돌림을 당했다. 친구들은 ㅂ을 '어버버'라고 부르며 그의 말투를 따라 하고 놀렸다. ㅂ은 놀림을 당한 후부터 학교에서 말을 하지 않았다. 선생님과 친구들이 어떤 질문을 해도 놀림을 당할 거라는 생각에 말을 하지 않았다. 친구들은 ㅂ이 자신들을 무시한다며 더 괴롭히기 시작했다. 지나가면서 어깨를 툭툭 치기도 하고 심지어 물건을 던지기도 했다.

중학생이 된 ㅂ은 입학 첫날부터 따돌림을 당했다. 이미 학교에 ㅂ에 대한 소문이 퍼져 있었고, 심지어 ㅂ을 잘 모르는 친구들도 따돌림에 가담하기 시작했다. 어느덧 ㅂ은 전교생이 다 아는 왕따가 돼 있었다. 그는 이대로 가만히 있을 수 없었다. 도움을 요청해야 한다고 생각했다. 담임선생님에게 괴롭힘을 당하고 있다고 말했는데, 일이 순식간에 커져서 ㅂ은 학교폭력 피해자가, 괴롭힌 친구들은 가해자가 돼 있었다. 학교폭력대책심의위원회가 열렸고, ㅂ을 괴롭히던 친구들은 벌을 받았다.

ㅂ은 이제 자신을 괴롭히는 친구들이 없어질 줄 알았지만 그건 착각이었다. 아이들은 학교에서 선생님 몰래, 심지어 학교 밖에서까지 ㅂ을 괴롭혔다. 신고하면 가만두지 않겠다는 협박도 서슴지 않았다. ㅂ은 누구에게 도움을 요청해야 이 지옥에서 벗어날 수 있을지 고민이다.

ㅂ처럼 친구에게 따돌림을 받아 고통받는 사례가 늘고 있다. 교육부가 조사한 학교폭력 실태조사에 따르면, 직접적인 신체 폭력이나 금품 갈취 및 강요 등은 줄어든 것으로 나타난다. 그러나 언어폭력이나 집단 따돌림은 계속 늘어나는 추세다. 눈에 보이지 않는 사이버폭력도 증가 추세에 있다.

학교폭력의 양태가 점점 은밀해지면서 피해자가 정신적 고통을 호소하는 경우가 많아지고 있다. 어려서 왕따 경험이 있는 청소년들이 중학교에 진학해서도 왕따 경험에 대한 소문 때문에 다시 왕따나 은따(은근히 따돌리는 일이나 은근히 따돌림을 당하는 사람)를 당하는 경우가 많다.

집단 따돌림의 경험이 사이버상으로 옮겨 갈 때는 피해가 더 증폭될 수 있다. 특정인에 대한 나쁜 소문이나 험담을 SNS에 게시해 놓으면 그것이 허위 사실이어도 순식간에 퍼져 버리기 때문에 피해자들은 고립감과 함께 극심한 심리적 고통을 겪게 된다.

2021년 6월 강원도의 한 기숙학교에서 생활하던 고등학생이 사이버상의 집단 따돌림으로 극단적인 선택을 한 사건이 있었다. 인근 지역의 한 학생이 피해 학생을 악의적으로 음해하는 글을 SNS에 올린 것이 발단이 되어 결국 집단 따돌림으로 이어졌다. 피해 학생이 아무리 해명을 해도 친구들은 들어주지 않았고 심지어 그와 눈도 마주치려 하지 않았다. 피해 학생 부모의 말로는 친구들 사이에서 피해 학생과 메시지를 주고받는 것조차 금기시됐다고 한다.

초기에 알아차려
더 크게 번지지 않게 도와야

한 청소년이 단체채팅방에 초대돼 들어가 보니 채팅방 제목이 "○○○능욕방"이라고 돼 있었다. ○○○는 자신의 이름이었다. 채팅방 멤버들은 대부분 아는 친구들이었지만 평소 친한 사이는 아니었다. 그는 이들이 채팅방에서 자신의 프로필 사진을 평가하며 비웃고 심지어 자신의 부모님까지 욕하는 걸 보면서, 속상하고 무서워서 채팅방을 나갔다. 그런데 계속 초대해서 채팅방에 들어오게 했고, 욕설의 수위는 갈수록 높아졌다. 그래서 휴대폰 알람만 오면 손이 떨리고 두려웠다.

위 사례는 이른바 '카톡감옥'으로 불리는 사이버폭력의 한 유형이다. 이처럼 청소년들이 사용하는 온라인 공간이 사이버폭력의 현장으로 변질되는 불행한 사례가 늘고 있다. 2021년 1월 교육부가 발표한 '2020년 학교폭력 실태조사'에 따르면, 코로나19 사태로 인해 등교 수업 일수가 줄어 전체 학교폭력은 감소했으나 SNS 등 사이버 공간을 통한 사이버폭력의 비중은 2019년 8.9%에서 2020년 12.3%로 증가했다. 방송통신위원회에서 발표한 '2020년 사이버폭력 실태조사'에서는 10명 중 3명이 사이버폭력의 가해 또는 피해 경험을 한 것으로 나타났다.

학교폭력이 주변 또래 친구들의 신체적·정서적 폭력이라면, 사이버폭력은 사이버 공간에서 같은 또래로부터 불특정 다수에 이르기까지 폭넓은 대상으로부터 정서적 폭력의 피해를 겪는다는 점에서 문제가 더욱 심각하다. 사이버폭력은 앞서 말한 카톡감옥 외에도, SNS에 피해자를 직접 특정하지 않고 유추 가능한 언급을 하며 욕설과 비방으로 도배하는 '저격글 올리기', 피해자의 카카오톡 계정을 도박 사이트나 불법 홍보업체 등에 판매하는 '카카오톡 계정 강탈' 등 범죄형태에 이르기까지 다양하다.

피해 청소년은 보복을 당할까 봐, 말을 해도 도움을 받지 못할 것 같은 불안감 때문에 피해 사실을 선뜻 이야기하지 못하는 경우가 많다. 또 누가 폭력에 가담하고 있는지, 자신을 어떻게 생각하는지 알 수 없어서 정서적으로 매우 큰 피해를 본다. 신체 폭력과 달리 시간과 공간의 제약도 없이 하루 24시간 내내 괴롭힘을 당하기 때문에 우울, 불안, 대인 기피, 자살 충동 등 부정적인 정서를 경험하게 되고, 그것이 오랜 기간 심각한 마음의 상처로 남아 정상적인 생활 자체가 어려워진다.

사이버폭력은 혼자 감당하기 어려울 만큼 피해가 심각해서 주변에서 적극적으로 도와줘야 한다. 먼저 선생님, 부모 등 도움을 줄 만한 어른들이 청소년이 사이버폭력 피해를 겪고 있다는 것을 알아채고 도와줄 필요가 있다. 혹시 아이가 불안한 기색으로 스마트폰을 자주 확인하고, 카카오톡이나 SNS 내용을 본 후에 괴로워한다거나, 갑자기 SNS 계정을 탈퇴하거나 아이디를 없앨 때, 사이버상에 험담이 많이 올라오거나, SNS 계정의 상태 글이나 사진의 분위기가 갑작스럽게 우울하거나 부정적인 분위기로 바뀐다면, 사이버폭력의 피해를 당하는 것은 아닌지 주의 깊게 살펴볼 필요가 있다.

만약 사이버폭력 피해를 경험하고 있다는 사실이 확인되면, 곧바로 학교나 경찰서 등 주변에 알리는 것이 좋다. 이때 어떤 유형인지, 피해 정도는 어느 정도인지 파악하고 피해 증거를 확보해야 한다. 피해 사실을 대수롭지 않게 여기거나 폭력의 피해 상황에서 회피하고 싶은 마음 때문에 온라인상의 증거 자료를 삭제해 버리면, 피해 사실 입증이 어려워져서 2·3차 추가 피해를 겪게 되고 가해자를 처벌하기도 어려워질 수 있다.

이런 과정에서 가장 중요한 것은 보호자의 역할이다. 종종 피해 청소년의 보호자가 가해자를 직접 만나 해결하려는 경우가 있는데, 직접 만나서 해결하려다 보면 감정적으로 대응하게 될 우려가 있어서 오히려 문제를 악화시킬 수 있으니 전문 기관의 도움을 받는 것이 좋다. 또한 보호자는 사이버폭력의 피해가 절대 자녀의 잘못이 아니라는 것을 인식시켜 주고 지지해 주며, 보호자가 끝까지 지켜준다는 믿음을 심어줘야 한다.

또래 친구들도 사이버폭력 피해 청소년을 도울 수 있다. 또래 친구들이 사이버폭력을 방관하거나 동조하지 말고, 피해 청소년에게 다가가서 힘든 점을 함께 나누고 진정한 친구가 돼준다면, 피해 청소년은 친구들 모두가 자신을 이상하게 여긴다는 생각에서 벗어날 수 있을 것이다. 이와 함께 전국 8천여 개 초·중·고교에서 활동하고 있는 30여만 명의 또래상담자 역할이 활성화된다면 사이버폭력 예방에 좋은 대안이 될 것이다.[44]

왜 아이들은 사이버폭력의
가해자가 되는 걸까?

"18세 여자인데 온라인에서 알게 된 친구(자퇴한 동급 친구)에게 고민 상담도 하고 취미도 공유하면서 지냈어요. 그런데 갑자기 나에게 욕을 하면서 우리 동네로 찾아와서 때리겠다며 협박했어요. 내가 뭘 잘못했는지 모르겠지만 무조건 사과를 했는데도 계속 협박하고 있어요. 부모님에게 말도 못 하고, 계속 불안하고 무서워서 상담하게 됐어요."

—

"초등학교 6학년인데 나만 빠진 단체채팅방에서 남자애들이 나에 대한 패드립(패륜적 드립의 준말, 주로 부모를 욕하거나 놀릴 때 쓰는 말)을 하고 있다는 걸 친구를 통해 알게 됐어요. 친구에게 도움을 받아 부모님이 신고해서 처리했는데도 또 다른 욕방(욕설을 하는 채팅방)에서 우리 부모님을 욕하고 있어요. 욕방의 회원들은 그 방을 외부에 알리면 자살하기로 서약해서 부모님께 알리지도 못해요. 어떻게 해야 하나요?"

사이버폭력은 물리적 폭력보다 그 양상이 훨씬 지속적이고 공격적이어서 피해자의 정신적 괴로움이 매우 클 수밖에 없다. 청소년들은 왜 사이버폭력을 하는 것일까? 사이버폭력 가해자들의 특성은 타고 나는 것이 아니라 양육되는 가정환경, 사회관계, 학교생활 등과 밀접한 관련이 있는 것으로 나타났다.

사이버폭력을 주도하는 가해 청소년들은 가장 가까이에 있는 부모에게서 지지와 공감을 받지 못하거나 갈등 관계에 놓여 있는 경우가 많다. 가장 가까운 사람과 신뢰 관계를 형성하지 못했을 경우, 다른 사람들과도 긍정적인 관계를 맺기 어렵다. 나아가 또래를 공격하는 행동을 보일 수도 있다. 이런 공격적 행동은 사이버상에서 더 쉽게 발현된다. 부모와 자녀 간 유대가 깨져서 부모가 자녀의 인터넷 사용에 관한 지도를 적절히 하지 못하는 경우, 청소년들은 더 쉽게 사이버폭력을 저지를 수 있다.[45]

학업에 대한 압박과 우울감이 크면 클수록 사이버폭력을 통해 스트레스를 해소하고 싶은 욕구도 커진다. 또 자기 통제력이 낮을수록 현실 도피를 위해 인터넷에 중독되거나 사이버폭력에 빠져든다.[46]

실제로 인터넷 중독과 사이버폭력은 밀접하게 연관돼 있으며, 인터넷 중독이거나 인터넷 사용빈도가 높을수록 사이버폭력에 빠지는 경우가 많다.[47]

또한 학교에 대한 호감도가 낮고 선생님과의 관계가 부정적일수록 사이버폭력이 늘어나는 것으로 알려졌다.[48] 청소년기는 주위 사람들의 영향을 많이 받는 시기이고 모방 심리가 강하기 때문에, 비행 또래와 자주 어울리거나 사이버 공간에서 비행 기회에 많이 노출되면 일탈 행동이나 범죄 행위를 할 가능성도 커진다. 청소년들은 인터넷상에서 목격하거나 경험한 비난 메시지를 모방해 다른 사람을 비난하고 괴롭히는 데 사용할 수 있다.[49] 예를 들어, 휴대전화를 이용한 비행 경험이 많은 친구와 자주 접촉한 청소년은 일명 모바일 비행에 가담할 확률이 높다. SNS나 문자메시지로 의사소통을 하는 과정에서 한 친구가 욕설이 담긴 메시지를 보냈다면 상대방도 욕설을 담아 전송할 확률이 높은 것과 같은 이치다. 이처럼 비행청소년과 어울리는 것은 사이버폭력에 영향을 미친다.

사이버 공간은 익명성이 보장된다는 점에서 공격성을 표출하기 쉽다. 평소 공격적이지 않던 청소년도 사이버상에서는 공격성을 표현하기도 한다. 이런 점 때문에 학교폭력 피해 청소년이 사이버폭력 가해자가 되는 경우가 많다. 학교폭력 피해를 경험한 청소년들은 스트레스를 받고 적대감을 느낀다. 이들은 오프라인보다는 안전한 온라인 공간의 익명성을 이용해 학교폭력 가해자나 자기보다 약한 대상에게 의도적으로 사이버폭력을 가한다.

사이버폭력이나 학교폭력 가해자의 공격성은 과시나 지배 욕구와 깊은 관계가 있다. 실제 여러 연구에서 악성 댓글을 과다 사용하는 집단은 저사용 집단이나 비사용 집단보다 지배·우월적, 경쟁·공격적, 과시·자기도취적, 반항·불신적 성향이 높게 나타났으나 동정·수용적 성향은 낮은 것으로 나타났다.[50]

학교폭력 가해자의 또다른 심리적 특성은 공감 능력이 낮다는 점이다. 2020년 학교폭력 실태조사에 따르면, 가해 청소년의 학교폭력 이유 중 '장난이거나 특별한 이유가 없다'가 28.1%로 가장 많은 비율을 차지했다. 자신의 가해 행동이 피해 학생에게 어떤 영향을 줄 것인지에 대한 고려 없이 학교폭력을 저질렀다는 것은 이들에게 공감 능력이 부족하다는 깃을 보여순다.[51]

"내가 네 이야기를 들어줄게"
청소년이 청소년을 돕는 또래상담

ㅅ은 어릴 때부터 체구가 커서 친구들에게 놀림을 당했다. 초등학생 때도 전교에서 가장 키가 컸고, 덩치도 남학생들보다 커서 친구들이 거인이라고 놀렸다. 중학교에 진학해 처음으로 교실에 들어섰을 때 ㅅ은 이내 고개를 숙였다. 자기보다 큰 사람이 보이지 않았기 때문이다. 초등학생 때처럼 외톨이로 지내게 될 것 같았다. 예상은 적중했다. 친구들은 ㅅ을 힐끔힐끔 쳐다보면서 뒤에서만 수군거렸고, 수군거리는 소리는 모두 자신을 욕하는 것처럼 들렸다.

그러던 어느 날, ㅅ에게 ㅇ이 찾아왔다. 자신을 또래상담자라고 소개한 ㅇ은 친구가 되자고 말했다. 당황스럽고 어색했지만 혼자서 외톨이로 지내는 것보다는 낫겠다 싶어 ㅇ과 친구가 되기로 했다. 함께 점심을 먹고 운동을 하면서 ㅅ과 ㅇ은 친한 친구가 됐다. ㅇ은 자신의 친구들에게 ㅅ을 소개했다. 처음에는 다들 ㅅ을 부담스러워했으나 조금씩 마음을 열기 시작했다. "처음에는 덩치가 너무 커서 무서웠는데 이야기하고 보니 너 좀 착한 것 같아." ㅅ에게 말을 거는 친구들이 점점 늘어갔고 ㅅ도 자신의 감정을 표현하며 많은 친구를 사귀기 시작했다. 지금은 ㅅ도 주변에 많은 친구들이 있지만 ㅅ과 ㅇ은 여전히 서로에게 절친한 친구로 남아 있다.

ㅅ처럼 학교에 친한 친구가 없는 외톨이었던 청소년에게 또래상담자가 다가가 함께 시간을 보내며 절친한 친구가 된 사례는 적지 않다. 학교폭력 피해 경험이 있는 학생이 또래 상담자가 되어, 학교폭력 피해를 겪고 있는 다른 친구에게 다가가 지지를 보내고 가해자에게 대적할 수 있는 용기를 준 사례도 있다.

또래상담은 일정한 훈련을 받은 청소년이 어려움을 겪고 있는 다른 또래를 지지하고 지원하는 과정을 통해 문제를 해결하도록 돕는 것을 말한다. 전국 초·중·고등학교에서 시행되고 있는 또래상담은 청소년기 특성상 또래의 영향력이 크고, 비슷한 공감대를 형성함으로써 문제해결에 도움이 된다는 점에서 널리 활용된다.

한국청소년상담복지개발원은 1994년 청소년 대상 또래상담자 훈련 프로그램인 '솔리언 또래상담'을 개발해 전국 학교에 보급하여 왔다. 2012년 범정부 학교폭력 근절 대책의 하나로 교육과학기술부(현, 교육부)와 여성가족부 공동으로 또래상담 사업을 추진했으며 전국 초·중·고교 대상으로 확대 적용했다. 이에 따라 2021년 현재 전국 8천여 개 학교에서 30여만 명의 또래상담자가 활동하고 있다. 이들은 적극적인 경청을 통해 친구의 고민을 들어주며 심리적으로 편안함을 주는 정서적 지지자, 어려움을 당한 친구와 함께 학급에서 생활하며 행동으로 도와주는 조력자의 역할을 하고 있다. 더불어 친구의 문제를 상담하고 이를 해결하도록 도와주는 문제해결자의 역할도 한다. 그 밖에도 학교와 학급 내에서 폭력을 허용하고 방관하는 대신 친구들끼리 서로 공감하는 분위기를 북돋우는 공감 배려 문화 촉진자 역할도 하고 있다.

또래상담이 활성화된 데에는 또래상담선생님들의 역할이 크다. 또래상담 지도자 교육을 받은 전문 상담선생님과 일반 선생님들이 각 학교에서 또래상담자들을 양성하고 있다. 20여 년간 또래상담자 양성 교육을 해온 서울의 한 남자고등학교 c 선생님의 이야기를 들어보자.

"학교에 또래 상담자들이 있는 것만으로도 학교폭력을 예방하는 데 큰 도움이 됩니다. 아이들은 문제가 생겼을 때 담임교사나 Wee 클래스 선생님을 찾아가기도 하지만, 같은 교실에 있는 또래상담자를 찾기가 더 쉽습니다. 그러면 또래상담자들은 담임선생님에게 학급에서 힘들어하는 친구를 알려줘서 아이들을 지도하는 데 큰 도움을 받을 수 있었습니다.

초등학교, 중학교 시절 왕따나 학교폭력을 당했던 아이들이 고등학교에 와서 또래상담자가 되겠다고 자청하는 일도 있습니다. 졸업해서 성인이 된 제자들이 찾아와 학창 시절 또래상담자에게 큰 도움을 받았다고 말할 때 보람을 느낍니다. 또래상담자의 소소하고 작은 관심이 위기를 넘기는 데 의지가 됐다는 겁니다. 그 시절에는 잘 몰랐는데 졸업하고 성인이 되고 보니 또래상담자의 관심이 얼마나 고마운 일이었는지 깨달았다고 해서 감동했습니다."

이와 함께 c 선생님은 각 학교의 교장 선생님과 교감 선생님이 또래상담에 관심을 가져야 또래상담이 더욱 활성화될 수 있다고 강조했다.

학교폭력의 '방관자' 아닌
'방어자'가 되자

최근 연예인이나 운동선수들의 '학교폭력 논란'이 언론을 통해 보도되며 뜨거운 이슈로 주목받았다. 학교폭력 문제가 심각한 이유는, 그 피해가 학창 시절에서 끝나는 것이 아니라 졸업 이후에도 상처가 오래 이어지기 때문이다. 학교폭력은 미래에 대한 희망과 자신감 대신 절망과 무기력으로 청소년기를 채우게 하고, 성인기로 전진해야 할 발걸음을 과거의 아픔에 머무르게 한다.

2012년 범정부 학교폭력 근절을 위한 종합대책이 발표된 이래 다양한 차원에서 학교폭력 근절을 위한 노력이 계속되고 있다. 이런 노력에 힘입어 학교폭력 피해를 경험한 비율은 2013년 2.2%에서 2020년 0.9%로 감소했다. 그러나 학교폭력 유형을 살펴보면, 신체적 폭력은 줄어든 반면 2017년 이후 사이버폭력과 집단 따돌림의 비중은 증가하는 추세다. 2020년 학교폭력 실태조사 결과에 따르면 2019년 대비 사이버폭력 3.4%p, 집단 따돌림 2.8%p 각각 증가했다.

코로나19로 학교가 문을 닫은 상황에서도 기숙형 교육시설 내 폭력(일명 사당폭력)과 사이버폭력 등은 여전히 이슈가 됐다. 이는 학생들 사이에서 은밀하게 일어나는 폭력, 눈에 띄지 않는 폭력이 점차 증가하고 있다는 의미여서 기존과는 차별화된 대책이 필요하다. 이렇게 은밀히 일어나는 폭력에 대한 해답은 어쩌면 학생들의 관계에서 찾을 수 있을지도 모른다.

교육부가 발표한 2020년 학교폭력 실태조사에 따르면, 학교폭력의 절반 이상이 학교 안(64.2%)에서 발생한다. 학교폭력이 발생하는 현장에는 피해자와 가해자는 물론, 폭력을 목격한 청소년들이 존재한다. 청소년들은 주변 사람, 특히 또래 친구들의 영향을 많이 받는다. 따라서 가해 청소년의 행위는 주변인의 반응에 따라 더 심해질 수도, 그렇지 않을 수도 있다.

학교폭력 관련 연구들을 보면, 주변인은 학교폭력 가해 행동을 지지하는 '강화자', 가해 행동을 돕는 '조력자', 학교폭력 상황에서 모른 척하며 아무것도 하지 않고 침묵하는 '방관자', 피해자를 방어하거나 괴롭힘을 억제하려고 도움 행동을 하는 '방어자'가 있다. 방어자는 학교폭력을 중단시키는 데 긍정적인 영향을 미치지만, 강화자·조력자·방관자는 부정적인 영향을 미친다. 강화자나 조력자는 가해 행동을 부추김으로써 학교폭력을 유지하고 강화한다. 방관자는 가해 행동에 대해 어떤 행동도 하지 않음으로써 학교폭력을 묵인하거나 암묵적으로 지지하게 된다.

학교폭력 피해를 경험한 청소년들의 이야기를 들어보면, 실제로 자신을 주도적으로 괴롭히는 아이들은 소수였지만 학급 전체 아이들이 지켜보고 있었기에 모든 아이가 자신을 싫어하고 괴롭히는 것처럼 느꼈다고 한다. 한국청소년상담복지개발원이 2021년 5월 시행한 조사에 따르면, 주변인 가운데 방어자는 43.36%, 방관자는 48.95%, 강화자는 2.8%, 조력자는 2.1%로 나타났다. 특히 목격자 가운데 상당수가 가해자를 말리거나 피해자의 편에서 도움을 준 방어자라는 점은 긍정적이다. 그러나 50%에 가까운 청소년들이 학교폭력을 목격하고도 그저 지켜만 본 방관자라는 점은 안타까운 일이다.[52]

방관자가 방어 행동을 한다면 학교폭력은 지금보다 줄어들 것이다. 방관자가 방어자로 변화하는 데는 대단한 용기가 필요한 것이 아니다. 피해 청소년들은 '그냥 곁에 있어 주는, 따뜻한 말 한마디 해주는' 단 한 명의 친구만으로도 위로가 된다고 말한다. 피해자들은 그들에게 가해자와 직접 싸워 주거나 가해자의 행동을 멈춰주길 원하는 것이 아니다. 실제로 피해 청소년을 도왔던 방어자들의 행동은 주로 '쉬는 시간에 혼자 있으면 다가가서 말 걸기', '함께 밥 먹기', '따뜻한 말 한마디 건네기' 등이었다.

한국청소년상담복지개발원은 방관자에서 방어자가 되는 '5단계' 행동 지침 '위드WITTH'를 청소년들에게 권고한다. △학교폭력을 목격하면(1단계, Witness) △장난인지 폭력인지 판단하고(2단계, Inspect) △학교폭력의 심각성을 되뇌고(3단계, Think) △피해자의 심정을 헤아려 도울 방법을 생각하고(4단계, Think) △도움 행동을 하는 것이다

(5단계, Help). 무엇보다 친구로서 '피해자와 함께하겠다'는 마음으로 작은 행동이라도 하는 것이 중요하다. 이런 행동이 모이면 폭력 행동은 부끄러운 것이라는 문화가 형성되고, 청소년들 사이에서 더 이상 발붙일 수 없게 될 것이다. 가해 행동에 대한 정확한 처벌과 피해 청소년에 대한 치유와 함께, 다른 청소년들이 피해 청소년을 지지하고 보듬어주려는 가치를 공유하는 것이 필요하다.[53]

사이버폭력 피해상담 개입방법

가. 피해자가 피해를 겪어오면서 힘들었던 마음을 충분히 보듬어주고, 상담을 통해 도움을 청한 용기를 격려한다.

① 피해자가 감정을 구체적으로 표현하도록 도와서 불안한 마음을 안정시킨다.

② 힘든 상황에서도 버틸 수 있었던 자원을 탐색하고 지지한다.

나. 사이버폭력 피해 청소년이 느끼는 막연한 공포와 불안을 객관적으로 인식하도록 돕고, 이를 계기로 새롭게 배운 점에 관심을 두게 한다.

다. 오프라인에서도 폭력이 진행되고 있는지를 살펴 가해자와의 관계를 탐색한다.

① 피해자 대다수는 사이버상에서만 피해를 겪지만, 일부는 오프라인에서도 같은 가해자에게 학교폭력을 당하고 있으므로, 피해자가 느끼는 정서적 충격과 학교 부적응 피해를 면밀하게 파악해서 집중적인 개입과 지원을 한다.[54]

② 피해자들은 가해자와 관계를 회복하려고 무조건 사과를 함으로써 모든 갈등의 책임을 자기 자신에게 돌린다. 이런 행동은 가해자의 폭력 행동을 합리화하거나 더 심해지게 만들 수 있으니 초기 대응에서 상담자가 적절하게 개입할 필요가 있다.

라. 신고 이후 추가 가해를 당할 수 있다는 불안감과 심리적 고통 호소, 주변인들의 부정적 반응, 약한 처벌에 대한 실망감, 폭력 피해 이후 일상적인 삶의 회복 문제를 다루어 도움을 줘야 한다.

사이버폭력에서 자신을 지키는 행동 지침

① SNS에 글이나 사진을 공유할 때는 누구나 볼 수 있다는 사실을 인지하고 신중하게 행동한다.

② 포털 사이트에서 자신의 이름이나 아이디를 주기적으로 검색해 보고, 사이버폭력 피해가 발견되면 관리자에게 피해 사실을 알려 삭제 요청을 한다.

③ 모르는 사람이 보낸 메시지나 첨부파일은 절대 열어보지 않는다.

④ 소셜 미디어나 포털 사이트를 이용한 후에는 반드시 로그아웃하는 습관을 들이고, 개인 보안 정보 상태를 안전하게 설정해 둔다.

⑤ 사이버상에서 기분 나쁜 일을 당하더라도 섣불리 맞대응하지 않는다. 무시해도 반복한다면 거부 의사를 표현하고 상대방을 차단한다.

⑥ 동영상이나 사진을 유포하겠다고 협박하면서 돈을 요구할 때는 절대 응하지 말고, 협박 문자나 전화 내용을 캡처하거나 녹음한 후 보호자나 선생님과 상의해서 신고한다.

⑦ 사이버폭력을 당했을 경우 주변 사람에게 알리거나 관련 기관을 찾아 상담과 도움을 요청한다.

⑧ 신고 후 추가 피해를 방지하기 위해 스마트폰을 초기화하거나 설치된 악성 프로그램(앱)을 삭제한다.

⑨ 스마트폰에 연동된 각종 계정을 탈퇴한 후 새로 개설하고, 아이디와 패스워드를 주기적으로 변경한다.

학교폭력 피해자 지원사항

※ 교육부, 이화여자대학교 학교폭력예방연구소(2020년 개정판), 학교폭력사안 처리 가이드북 참고

학교폭력대책심의위원회 조치사항

가. 피해자 보호 조치

피해자는 학교폭력으로 받은 정신적·심리적 충격을 회복할 수 있도록 심리상담 전문가로부터 심리상담 및 조언을 받으며, 가해 학생으로부터 지속적인 폭력이나 보복을 당할 우려가 있는 경우, 일시적으로 보호시설이나 집, 학교 상담실에서 보호를 받을 수 있고, 학교폭력으로 생긴 신체적·정신적 상처를 치유하기 위해 의료기관에서 치료의 도움을 받을 수 있다. 이때 위 규정에 따른 상담 비용은 가해 학생의 보호자가 부담한다.

또한 다른 학급으로 옮기는 학급 교체, 그 밖의 피해 유형 및 연령 특성을 반영해 필요하면 해바라기센터 지정병원 등 의료기관과 연계하고, 대한법률구조공단과 같은 법률 구조기관 등에도 지원요청을 할 수 있다.

나. 가해 학생 조치사항

학교폭력 가해 학생에 대한 조치사항의 경우, 학교에서는 조치 결정 통보 공문을 접수한 즉시 학교생활기록부에 기재하며 구체적인 작성 및 관리에 대한 사항은 관련 지침을 따른다.

다. 가해 학생 보호자 특별교육

가해 학생에 대한 조치로서 특별교육이나 부가된 특별교육을 내린 경우, 보호자도 특별교육을 이수한다.

학교폭력 가·피해 학생 개입

가. 외부 연계 전문 기관

학교폭력에 효과적으로 대처하기 위한 지역의 지원체계는 아래와 같으며 이와 관련해 성폭력에 대한 즉시 신고, 폭력 서클 연계 사안 등을 처리하기 위해 학교전담경찰관SPO과 긴밀하게 협력하고 있다.

① 117 학교폭력신고·상담센터 긴급 상황 시 경찰 출동, 긴급구조

② 위(WEE) 프로젝트 WEE 클래스(학교 단위), WEE 센터(교육지원청), WEE 스쿨(시·도 교육청)

③ 청소년상담복지센터(청소년안전망) 위기청소년 맞춤형 서비스 제공 및 원스톱 지원센터

④ 청소년상담 1388 청소년 위기·학교폭력 등의 상담

⑤ 푸른나무재단 학교폭력 관련 전화 및 사이버상담 실시, 학교폭력 피해 학생 및 가족 대상 통합지원, 화해·분쟁 조정지원(학교폭력 SOS지원단), 사안 처리 진행 자문 및 컨설팅 지원

⑥ 청소년꿈키움센터 학교폭력 가해 학생 및 보호자 특별교육, 찾아가는 학교폭력 예방 교육 등 운영

⑦ 대한법률구조공단 법률상담, 변호사 또는 공익법무관에 의한 소송대리 및 형사 변호 등의 법률적 지원

나. 학교폭력 피해자를 위한 대안학교

2020년 기준, 전국 가해 학생 특별교육기관은 7,196개, 피해자 전담지원기관은 139개가 있다. 이 중 대표적인 피해자 대안학교는 다음과 같다.

① 해맑음센터(대전 유성구 소재) 전국 17개 시도 교육청이 지정해 운영하는 위

탁형 기숙형 대안학교다. 학교폭력 피해 학생 및 학부모를 위한 전국 단위의 심리·예술 치유 기관으로, 학교에 출석하기를 꺼리는 학생은 해맑음센터를 다니며 출석 인정을 받을 수 있다. 해맑음센터는 기숙학교라서 피해 학생이 가해 학생을 맞닥뜨리며 발생할 수 있는 2차 피해를 막을 수 있으며, 또래 친구들과 새롭고 원만한 관계를 맺을 수 있다.

② 울산청소년비전학교(울산 동구 소재) 학교폭력과 학교 부적응으로 심리적인 고통을 겪고 있는 학생과 가족들을 상담·치유하고 교육하는 위탁형 중·고등 대안학교다.

부모님은 제 맘을 몰라요

부모 때문에
힘들어하는 아이들

어릴 때 부모에게 거절당하고 버림받았던 기억이 있는 Z은 다른 사람들에게도 이런 대우를 받게 될까 봐 늘 두렵다. 어린 시절 부모의 말을 안 들었다는 이유로 며칠씩 밥도 못 먹고 독방에 혼자 남겨졌던 때를 생각하면 분노의 감정이 일어난다. 지금도 친구들 사이에서 거절당할까 봐 심리적으로 움츠러들고 원만한 대인 관계를 맺기 힘들다.

부모에게 받은 어린 시절의 상처 때문에 청소년이 돼서도 힘들어하는 경우가 많다. 부모에게 충분한 관심과 애정을 받지 못한 청소년은 대개 타인의 애정에 지나치게 집착한다. 성장 과정에서 부모에게 받는 사랑과 관심은 평생을 살면서 부딪치게 되는 위험과 어려움을 헤쳐 나가는 데 가장 든든한 밑천이 된다. 하지만 관심과 사랑을 못 받은 청소년은 타인의 관심과 사랑에 지나치게 집착해서 대인 관계에 어려움을 겪기도 한다.

과거에는 가정을 이루고 부모가 되는 것을 자연스러운 삶의 영역으로 생각했고, 특별한 배움이 필요한 영역이라고 여기지는 않았다. 하지만 요즘은 가정을 이루는 것이 선택 사항이 됐고, 부모 노릇 역시 가정 안에서 자연스럽게 이뤄지는 것이 아니라 사회 교육의 한 영역으로 받아들여지고 있다. 자녀를 신의 선물과 축복으로 받아들이는 가정이 대부분이지만, 부부 갈등을 전가하는 대상물 정도로 여기는 가정도 있다. 어릴 때부터 부부싸움을 보고 자란 아이들, 폭력을 일삼는 부모를 극도로 혐오하고 그것 때문에 죄책감을 느끼는 아이들, 이혼과 재혼 과정에서 부모에게 버려진 아이들…. 이런 아이들은 대체로 대인 관계를 피하거나 타인에게 예민해지기 쉽다.

집을 나온 한 가정 밖 청소년은 요리사가 꿈이었지만, 아버지는 그가 종교 지도자가 되기를 강력히 원했다. 요리사의 꿈을 접을 수 없었던 그는 결국 집을 나왔다. 이처럼 부모의 주장이 지나치게 강해 설득이 안 된다면서 고민 상담을 하는 청소년도 있다. 특히 진로 문제에서 부모는 자녀에게 그 사회에서 전통적으로 선호하는 직업을 강권하는 경우가 많은데, 자녀는 새로운 분야의 직업을 갖고 싶어 하고, 부모는 부모대로 자녀의 의사를 끝까지 받아들이지 않아서 갈등이 심해지곤 한다.

전문가들은 현재 선호하는 직업으로 꼽히는 일자리 대부분은 미래 사회에서 사라지고 새로운 직업이 주류가 될 것으로 전망한다. 세계경제포럼은 '현재 초등학생의 65%는 아직 세상에 존재하지 않는 직업을 갖게 될 것'이라고 예측했다. 미국에서는 2020~2030년 사이에 약 50%의 일자리가 사라지고, 10년 후 직업의 60%는 아직 탄생하지도 않았다는 주장이 나온다.[55] 한 전문가는 청소년들에게 '부모가 알고 있는 직업만 선택하지 말라'고 역설적으로 이야기한다. 이런 현실에서 부모가 자기 생각만으로 자녀의 진로에 대해 일방적인 주장을 하는 것이 과연 현명한 일인지 다시 한번 되돌아볼 일이다.

부모의 사랑도
가끔은 독이 된다

자녀는 동물원에서 펭귄을 보고 싶은데 자기가 좋아하는 곰만 보여주는 아버지, 자녀는 피아노를 배우는 게 너무 싫은데 피아노 학원 교습을 강요하는 어머니…. 부모가 사랑이라는 이름으로 자기 생각만을 일방적으로 강요하면 자녀들은 하루하루가 끔찍하다.

부모 사랑은 이 세상에서 가장 강하다. 객관적으로 측정할 수도 없다. 어떤 결과를 기대하면서 하는 사랑이 아니기 때문이다. 그러나 이 사랑이 가끔은 독이 되기도 한다. 부모가 원하는 것만 자녀에게 일방적으로 강요하기 때문이다.

환자는 영어로 Patient이다. Patient는 patience, 인내라는 단어에서 나왔다. 환자가 인내하며 참아야 병에서 회복할 수 있다는 의미가 담겨 있다. 인내의 과정을 견딘 환자는 회복의 시기를 거쳐 건강을 되찾는 경우가 많다. 부모의 사랑도 환자가 겪어야 하는 인내와 닮은꼴이 아닐까 싶다. 내 마음대로 되는 것이 하나도 없지만 자식이기 때문에 속 끓이며 참아야 하는 일이 한두 번이 아니기 때문이다. 자식은 부모의 소유물이 아니라는 말을 머리로는 이해해도 가슴으로 받아들이기는 너무나 힘들다. 그래서 자식이 부모가 원하는 방향으로 나아가지 않을 때 부모들은 힘들어하고 상처받는다. 시간이 한참 지난 뒤에 부모가 원하는 방향으로 돌아오는 자녀들도 있지만, 부모가 죽을 때까지 돌아오지 않는 자녀들도 있다. 그런데도 부모가 끝까지 인내하며 사랑을 베풀다 보면 자녀는 어떤 방식으로든 잘 자라게 돼 있다.

부모들은 자녀를 기다려 줄 필요가 있다. 식물도 꽃을 피우는 시기가 제각각 다르지 않은가? 모든 아이가 통상적인 발달 과정에 맞춰 똑같이 걷고 뛰는 것은 아니다. 걸음마는 좀 늦게 시작했어도 단번에 여러 걸음을 내딛는 아이도 있고, 말이 늦어서 걱정했는데 한꺼번에 말문이 터져서 건강하고 똑똑하게 잘 자라는 아이도 많다. 공부를 제 시기에 하지 못하는 아이들도 있다. 그래도 포기하지 않는 부모의 사랑을 받고 자란 아이는 자기 나름의 길을 찾아 열매를 맺고 세상을 살아갈 힘을 얻는다.

어릴 때 부모나 보호자(조부모나 친척 등) 가운데 한 사람이라도 아이를 진정으로 따뜻하게 대하며 지지와 사랑을 보내주면 청소년기의 많은 문제를 예방하고 해결할 수 있다.

부모가 자녀에게 정작 중요한 양식인 사랑은 주지 않으면서 공부만 강조하고 남과 비교하며 열등감을 심어주면 아이들은 삐뚤어질 수밖에 없다. 식물이 좋은 땅에서 기본적인 영양분을 얻고 바람과 적절한 햇빛을 받아야 잘 자랄 수 있는 것과 같은 이치다.

부모가 된다는 건 세상에서 가장 어려운 일인 것 같다. 부모도 사실은 불안정한 인간이기 때문이다. 그렇다고 해도 자녀에게 양육에 필요한 사랑을 듬뿍 줘야 한다는 것을 잊어서는 안 된다. 또 내가 원하는 방식의 사랑이 아니라 내 아이가 원하는 방식의 사랑을 주기 위해 끊임없이 성찰해야 한다. 부모도 부모 되는 법을 실천해가면서 자녀와 함께 성장해 가야 할 것이다.

자녀에게
자율성 키워주기

ㅊ은 늘 새로운 것에 대한 호기심이 많았다. 장난감을 사줘도 금방 싫증을 내고 새것을 사달라고 생떼를 부린 게 한두 번이 아니다. 그런 ㅊ에게 초등학교 4학년 때부터 시작한 인터넷 게임은 새로운 세상이었다. 늘 새로운 주인공과 함께하는 모험은 흥미진진했다. 하지만 그의 부모는 인터넷 게임을 하지 못하게 했다. ㅊ에게 게임은 짜릿한 모험이었고, 숨어서 몰래 하는 재미를 느꼈다.

초등학교 고학년이 게임 중독에 빠지는 가장 큰 요인은 바로 게임을 못 하게 막고 야단치는 억압적인 부모라는 것이 밝혀졌다. 부모의 강압적인 금지가 오히려 게임을 더욱 매혹적으로 받아들이게 하고, 몰래 하는 게임은 더욱 흥미진진해서 결국 게임 중독에 빠지게 된다. 부모가 하기 싫은 공부는 강요하면서 하고 싶은 게임은 못 하게 하니 게임에 더 적극적으로 의존하게 되는 것이다. 게임 시간을 줄이려는 노력으로 게임 시간에 대한 규칙을 정하더라도 부모가 일방적으로 지시하지 말고 자녀 스스로 게임 시간을 정해서 지키게 하는 것이 훨씬 더 효과적이다.

청소년이 스스로 공부에 즐겁게 몰입하게 하려면 자율성을 길러 줘야 한다. 김주환의 『회복탄력성』이란 책에 보면 디씨와 라이언 Deci & Ryan의 자기결정감 이론self-determination theory이 나온다. 자율성은 인간이 능력을 발휘하고 행복을 느끼는 필요조건으로, 같은 일이라도 자기가 선택했다는 느낌이 들어야 흥미를 느낀다는 것이다. 누가 시켜서 하는 것이라거나 꼭 해야 한다는 압박을 느끼는 순간, 인간은 그것에 대한 흥미와 내적 동기를 잃기 시작한다고 한다. 그런 의미에서 게임도 부모가 엄격하게 금지하면 할수록 중독에 빠질 가능성이 훨씬 커진다.

김주환은 이 책에서 아이들 스스로 자신이 인생의 주인공이라고 느낄 수 있도록 자율성을 키워줘야 한다고 강조한다. 공부도 부모를 기쁘게 하기 위해서, 야단맞지 않으려고 공부해서는 안 되고 자기 스스로 좋아서 할 수 있도록 도와줘야 한다는 것이다. 억지로 공부하는 아이들은 절대 공부의 의미와 즐거움을 발견할 수 없다. 아이들이 스스로 계획을 세우고 자기 삶의 즐거움을 발견할 수 있도록 도와야 한다. 하루에 여러 학원을 돌면서 공부하는 아이들에게 공부가 즐거울 리 만무하다. 아이들이 즐겁고 행복해야 공부도 잘할 수 있다. 아이들이 불행하고 우울할수록 학업 성취도는 떨어질 수밖에 없다. 현재의 삶을 미래를 위한 투자로만 생각한다면 우리 아이들의 현재는 불행할 수밖에 없다.[56]

자녀가 무엇을 힘들어하는지
들어주고 공감하기

30여 년 간 직장생활을 해 온 나는 늘 늦둥이 딸과 떨어져 있는 시간이 미안하고 아쉬웠다. 초등학교에 입학한 딸 역시 나와 떨어져 있던 시간을 보상받으려는 듯 퇴근하면 녹초가 된 내 손을 잡아끌고 자기 방으로 데려가서 학교에서 있었던 소소한 일상을 다 이야기한 후에야 내 손을 놓아 주었다. 짝꿍과 지우개 때문에 싸웠던 일, 선생님이 자기보다 친구에게 관심을 보였던 일, 친구들과 사이가 틀어져서 말다툼을 한 일…. 딸에게는 나름 굉장한 사건이었던 작은 일상들을 들려주면서 엄마를 독차지하는 시간을 누린 것이다.

그 시절 나는 딸아이와 시간을 보내면서 아들을 키울 때는 들어보지 못했던 초등학교 교실의 모습을 알 수 있었다. 그때 내가 딸의 손을 거절하지 않고 늦은 저녁 시간, 허기를 참아가면서 딸의 이야기를 들어주었던 것이 일하는 엄마로서 아이에게 가졌던 미안함도 덜어주었을 뿐 아니라 내가 가장 잘한 일 중의 하나라고 생각한다.

청소년기는 신체적으로 성숙해지고 정신적으로는 독립의 욕구가 왕성해지는 시기다. 그래서 부모의 참견이 잔소리로 느껴져서 점점 싫어지고, 또래 친구들과의 관계는 더욱 중요해진다. 그리고 자기 자신이 가장 괴로운 상태에 있다고 생각하는 '개인적인 우화' 속에 빠지는 시기이기도 하다. 그렇다 보니 부모에 대한 청소년기 자녀들의 가장 큰 불만은 '내 이야기는 안 들어주면서 일방적으로 지시만 한다'는 것이다. 자녀의 이야기를 들어주는 것만으로도 부모와 자녀의 관계는 절반 이상 회복할 수 있다.

초기 청소년기의 급격한 신체적·심리적 변화는 부모와 자녀 모두에게 익숙하지 않은 경험이다. 자녀들이 점차 자아 정체감을 형성하는 시기에 접어들면서 평소에는 부모 의견을 수동적으로 따르던 자녀들이 점점 자기 의견을 주장하기 시작하고 이 과정에서 대립과 갈등 상황이 빚어진다. 갈등은 충분히 일어날 수 있다. 다만 부모가 어떻게 대처하느냐에 따라 부모와 자녀의 관계는 더 나빠질 수도, 더 친밀해질 수도 있다는 것을 알아야 한다. 청소년 자녀 역시 부모와의 갈등 상황을 잘 해결함으로써 타인과 자신의 의견이 대립할 때 어떻게 대처해야 하는지를 배울 수 있다.

실제로 갈등 상황을 성공적으로 극복한 가정의 사례를 분석한 결과는 흔히 우리가 알고 있는 것과 다르지 않다. 자녀의 이야기를 잘 들어주고, 자녀의 말과 행동을 이해하려고 애쓰며, 자녀의 변화를 인내하며 기다려 준 부모와 자녀 모두 성공적으로 청소년기를 경험하며 갈등을 잘 해결할 수 있었다. 그만큼 자녀와의 관계에서 의사소통은 대단히 중요하다. 의사소통에서 가장 기본이 되는 것이 바로 경청과 공감이다.[57] 부모는 자녀가 마음을 열고 이야기할 수 있게 해

쥐야 한다. 그러기 위해 부모가 피해야 할 행동이 있다. 다음은 한국청소년상담복지개발원의 이음 부모교육에서 제시하는 해법이다.

첫째, 자녀의 잘못을 지적하지 말아야 한다. 자녀와의 갈등 상황에서 부모가 모든 문제를 자녀 탓으로 돌리는 경우가 많다. 부모는 자녀보다 경험이 많아서 인생을 사는 데 우위에 있다고 생각한다. 그러나 문제의 원인은 자녀와 부모, 모두에게 있을 수 있으며 다양한 원인에 따라 벌어지는 문제인 경우도 많다. 자녀의 잘못만을 찾아내며 문제의 책임을 전가하면, 자녀는 부모와의 소통을 피하게 된다.

둘째, 자녀가 어떤 잘못을 했을 때에도 자녀의 인격을 무시하거나 공격하는 표현은 쓰지 말아야 한다. 선생님에게 혼이 난 자녀에게 '그럴 줄 알았다, 어리석다, 쓸모없다. 멍청하다' 등의 말로 자녀를 비난하는 것은 자녀의 존재 가치를 무시하고 자존감을 떨어뜨리는 의사소통 방법이다.

셋째, 갈등 상황이 일어났을 때 자녀가 현재 시점에서 잘못한 것에만 초점을 맞춰 이야기하는 것이 좋다. 물론 실수를 반복하지 않게 하려고 과거의 일을 언급할 수는 있다. 하지만 자녀를 비난하려는 목적으로 과거의 일을 들춰내는 것은 자녀의 반발과 분노를 불러일으킬 수 있다.

넷째, 부모가 자녀를 꾸짖을 때 형제나 친구 등 주변 사람과 비교하는 경우가 종종 있다. 주변 사람들의 긍정적인 부분을 부각해서 자녀의 잘못이나 부족한 점을 드러내려는 의도일 테지만, 타인과의 비교는 자녀의 자존감에 상처를 준다.

다섯째, 자녀를 협박하는 경우다. 협박은 상대방의 말이나 행동을 통제하려는 것이다. 부모는 자녀가 내 뜻대로 말하거나 행동하지 않으면 그 상황을 바로잡으려고 자녀에게 위협적인 말을 하기 쉽다. "네가 내 말을 듣지 않았으니 벌을 줄 거야"라는 식의 일방적인 메시지는 처음에는 효과가 있을지 몰라도 반복되면 자녀의 반발심만 더욱 커지고 자녀가 모든 것을 자포자기하는 상황까지 초래할 수 있다.[58]

부모교육을 받을 수 있는 곳

부모교육을 하는 대표적인 기관으로 건강가정지원센터와 청소년상담복지센터가 있다. 정부가 지원하는 이 두 기관은 지역별로 운영되고 있으며 무료로 교육을 받을 수 있다. 세부 교육 및 신청 절차는 다음과 같다.

① 건강가정지원센터 예비 부모 및 자녀를 둔 부모를 대상으로 교육 프로그램을 운영한다. 홈페이지에 접속 후 강사를 선택하고 강의 의뢰를 진행하면 된다.

② 청소년상담복지센터 자녀와 함께 성장하는 부모교육, 학교폭력 가·피해자 부모교육 등을 운영한다. 지역 센터 홈페이지에 접속 후 교육을 신청하면 된다.

건강가정지원센터		청소년상담복지센터	
프로그램	교육시간	프로그램	교육시간
예비부모 프로그램	2시간	자녀와 함께 성장하는 부모교육	12시간
		따로 그리고 함께하는 부모	8시간
		예비부모를 위한 부모교육	10시간
자녀를 둔 부모교육 프로그램	2시간	다문화가정 부모교육	7시간
		학교폭력 가·피해자 부모교육	14시간
		자녀와 동행하는 부모	12시간

4장

포스트 코로나 시대와 청소년

코로나19 이후 청소년의 정신건강

코로나19로 청소년 정신건강이
위협받고 있다

"코로나 사태가 터진 뒤로 친구들을 못 만나니 우울하고 불안해졌
어요."

"코로나로 집에 있는 시간이 많아져서 안 그래도 사이가 안 좋았던
동생과 더 다투게 됐고 엄마한테 나만 욕을 듣게 됐어요. 가족에게 느
꼈던 오래된 소외감을 곱씹게 되고 그럴수록 상처가 돼요."

"외국 유학 중이었는데 코로나로 한국으로 돌아오게 된 21살 대학
생이에요. 1년 동안 온라인 수업을 들었는데 돈이 아깝다는 생각이 들
어서 휴학했어요. 대신 아르바이트를 하고 있는데 잠을 자는 것이 과
제처럼 느껴질 정도로 우울감이 심해졌어요."

코로나19로 힘든 일상을 보내고 있는 청소년의 이야기다. 어린아이부터 어른까지 코로나19라는 예측 불가능한 변화에 적응하는 동안 우리의 일상은 달라졌다. 일상의 변화는 청소년의 인지적, 신체적, 사회 정서적 발달에 위기를 불러왔다. 특별히 코로나 사태로 빚어진 아동청소년의 정신건강 위기는 심각한 수준인데, 외국의 경우 코로나가 발생한 이후 청소년의 43%가 우울, 37%가 불안 증상을 호소하는 것으로 나타났다. 우리나라도 코로나 전후(2018~2019. 3월과 2020~2021. 3월 비교)로 사이버상담에 나타난 주요 호소 사유를 비교했을 때, 정신건강 관련 사이버상담이 코로나 이전보다 78.6%나 증가한 것으로 나타났다. 그뿐만 아니라 가족 문제(70.5%), 학업·진로 문제(20.5%), 대인 관계(5.8%) 상담도 코로나 이전보다 많아졌다.

2021년 1분기 사이버상담실의 상담 건수는 79,132건으로 전년 같은 기간(2020년 1분기)보다 28% 증가했으며, 상담 내용은 정신건강 관련 고민(27,042건)이 가장 많았다. 이어 대인 관계(13,313건), 가족(11,140건), 학업·진로(10,849건) 고민 순이었다. 많은 청소년이 온라인 상담을 통해 코로나 이후 다른 사람에게 말하지 못하는 어려움을 토로하는 것으로 보인다.

한국청소년상담복지개발원에서 2021년 시행한 '아동청소년 정신건강 실태조사'에 따르면, 청소년들은 코로나 이후 부정적인 감정은 늘어난 반면, 긍정적인 감정은 줄어들었다. 청소년이 겪는 가장 큰 감정은 불안과 걱정(53.2%), 짜증(39.32%)과 우울(30.28%), 두려움(18.58%) 순이었다. 이 결과는 코로나19 발생 초기인 2020년 시행한 1차 실태조사 결과(불안과 걱정, 짜증, 우울, 화·분노)와 유사하다.

　코로나 사태가 장기화하면서 사람들이 감염병에 대해 무감각해지고 있다는 지적이 제기되고 있지만,[59] 청소년들은 여전히 코로나 초기와 같은 불안, 걱정, 짜증, 우울 등 심리정서적 어려움을 호소하고 있다.

　한국청소년상담복지개발원의 2021년 조사에서 눈에 띄는 대목은 관심, 감사, 평온 같은 긍정적인 감정을 느낀다는 청소년의 비율이 2020년 1차 조사보다 평균 3배 이상 낮아졌다는 것이다. 코로나 발생 초기에는 등교 중단과 온라인 수업 시작 등 갑작스럽고 강제적인 일상 변화로 불안과 적응 스트레스를 경험하면서도, 청소년은 일상 회복에 대한 기대감 같은 긍정적인 감정을 느꼈다. 그러나 코로나가 장기화하면서 통제도 예측도 할 수 없는 감염에 대한 불안과 걱정이 깊어졌고, 일관성 없는 등교 지침과 일상생활의 제약이 계속되자 장기적인 스트레스와 무기력감 같은 부정적인 감정이 커진 것으로 보인다.[60]

　청소년상담복지센터에서 상담 업무를 하는 전문가들의 인터뷰 조사에서도 코로나 이후 청소년 내담자들이 주로 '친구들과 못 어울리는 것에 대한 답답함과 외로움', '코로나 장기화로 인한 우울감 증가' 등 대인 관계 감소와 활동 제한에 따른 고립감과 무기력감을 호소하고 있다고 보고했다. 이는 사회적 거리 두기 등 강제된 생활 변화에 따라 스트레스가 누적되어 나타난 결과로 보인다. 학교생활의 오랜 부재와 사회적 거리 두기는 청소년에게 사회적 상호작용의 결핍, 특히 또래 관계의 단절을 가져왔다. 실제로 8% 정도의 청소년이 코로나 이후 친구들과 연락하지 않는다고 답했다. 그러면서도 81.4%의 청소년들이 친밀한 또래 관계 형성을 위해 친구와 직접 만나는 것이 중요하다고 응답해, 많은 청소년이 코로나 상황에서 대인 관계에 어려움을 겪고 있다는 것을 알 수 있다.[61]

코로나19로 학업·진로에 대한 걱정과 불안이 커지면서 청소년의 인터넷 의존 현상도 매우 심화했다. 일상생활이 불가능할 정도로 증상이 심해진 청소년은 지난해보다 13.2% 증가했다. 여성가족부가 127만 2,981명의 청소년을 대상으로 시행한 '2021년 청소년 인터넷·스마트폰 이용습관 진단조사' 결과, 과의존 위험이 있는 것으로 진단된 청소년은 총 22만 8,891명으로 나타났다. 이는 코로나19 발생 이후 온라인 수업이 많아지면서 인터넷 사용이 늘었고, 스마트폰으로만 한정되지 않는 다양한 미디어 콘텐츠의 이용이 늘어난 데 따른 현상으로 보인다.

코로나19로 청소년 발달이
저해될 수 있다

　코로나 사태 초기에 학교에 가지 못하고 오랜 기간 온라인 수업을 했던 청소년들은 친구가 그리우면서도 한편으로는 학교에 가는 것이 부담스럽게 느껴졌다고 한다. 특히 신입생들은 입학식을 못 해서 같은 반 친구들의 얼굴도 모르는 상황이다 보니 상급 학교에 입학했다는 실감조차 할 수 없었다.

　청소년기는 어린이에서 성인으로 넘어가는 발달 단계다. 이 기간에는 새로운 인지 능력이 나타나고, 신경생물학적 변화를 겪게 되며, 가정 밖에서 보내는 시간이 많아지는 등 몇 가지 핵심적인 발달이 이뤄진다. 이 과정에서 청소년은 점점 더 독립성이 커지고 더 많은 자율성을 누리기 위해 노력하며 성인으로 살아갈 역량을 키워 간다.

　하지만 코로나19는 청소년기의 이런 발달을 저해할 것으로 보인다. 먼저 청소년의 신체적·정신적 건강에 적신호가 켜졌다. 코로나 팬데믹으로 장기간 학교 급식이 중단되면서 열악한 환경의 청소년들은 제때 적절한 식사를 하지 못해 영양 불균형 상태에 놓였다. 무엇보다 사회적 거리 두기로 외출이 금지 또는 제한되면서 신체활동이 줄어들다 보니 비만이나 과체중이 크게 늘었다.

또한 코로나로 등교가 금지되면서 인지적인 발달에도 부정적인 영향을 미칠 것으로 예상된다. 학교 폐쇄는 코로나19 관련 조치 중 자녀 세대에게 가장 큰 영향을 끼치는 것으로, 논란이 컸다. 공교육의 유례없는 중단은 청소년의 학력 저하에 대한 우려를 불러일으킨다. 실제로 학업 손실을 경험한 청소년의 읽기(63~68%)와 수학(37~50%)의 성취 수준이 정상적인 학사 일정을 마쳤을 때보다 낮아진 것으로 나타났다.[62]

이런 상황에서 가장 큰 타격을 입는 것은 취약계층이다. 따라서 향후 몇 년 간 전 세계적으로 사회적 불평등은 더욱 심화할 것으로 보인다. 취약계층의 아이들은 노트북의 부재, 독립된 학습 공간이 확보되지 않아 온라인 학습을 할 수 있는 환경을 만들기가 어렵고, 부모가 온라인 학습을 관리 감독하는 것도 어려울 수 있다. 코로나로 등교 금지와 온라인 학습 기간이 늘어나면 학습 격차는 더 커질 것으로 예상된다.

코로나19는 청소년의 사회적 발달에도 영향을 미칠 것이다. 온라인 개학 및 원격 수업은 청소년이 친구와 밀착되는 경험을 제한한다. 한국청소년상담복지개발원이 시행한 설문 조사를 보면, 청소년들은 코로나19로 '친구를 만나지 못하는 것(72%)'이 가장 힘들다고 응답했다. 청소년에게 친구와의 단절은 트라우마로 남을 수도 있는 부정적인 경험이라는 점에서 문제가 매우 심각하다.[63]

또래와의 단절은 그 자체가 청소년에게 심각한 스트레스이며, 사회적 기술을 습득할 기회가 박탈된다는 것을 의미한다. 교사들은 원격 수업의 최대 단점으로 '사회성 및 관계 형성을 위한 교육 부족'을 꼽았다.[64] 이런 가운데 비대면 상황에 적응하면서 오프라인 대인 관계에 대한 욕구 자체를 상실한 청소년도 생기고 있다. 사회성 발달 기회의 손실이 미래 세대 개개인의 삶과 사회 전반에 어떻게 작용할지 우려된다.[65]

코로나 장기화로 빚어진 사회적 상호작용의 결손은 청소년에게 성장과 탐색의 기회를 빼앗아 발달상 문제를 초래할 수 있다. 특히 졸업식, 입학식, 수학여행, 체육대회와 같은 전통적 행사의 축소 및 부재는 대표적인 사회적 경험의 결손이 될 수 있다.[66] 청소년기는 다양한 심리정서행동 문제에 취약한 시기로, 코로나와 같은 재난이나 스트레스에 대처하는 역량이 성인보다 부족하고 수동적으로 대처할 수밖에 없다.[67]

이런 발달상의 문제는 코로나 이후 청소년의 심리적 적응에도 영향을 미칠 뿐만 아니라 성인기 심리정서적 적응에도 영향을 미칠 것으로 보여 사회의 적절한 개입이 시급하다.

포스트 코로나 시대
청소년 정신건강 지원 방안

　온 국민이 백신을 접종하고 코로나 상황이 좋아지더라도, 코로나
19가 청소년에게 끼친 심리적인 문제와 발달 지연 문제는 한 번에
해결되지 않고 남아 있을 것이다. 이를 청소년들이 혼자서 해결하기
는 어렵다. 따라서 이들을 돕기 위한 상담복지서비스 지원이 이뤄져
야 한다.

　우선 청소년이 통제와 예측이 불가능한 코로나19라는 위기에 대
응하고, 이를 발판으로 성장할 수 있는 회복탄력성을 강화할 필요가
있다. 청소년은 2020년 시작된 비대면 사회 규칙에 적응하느라 긴
장하고 불안해했으며, 1년이 지난 지금도 통제할 수 없고 불확실한
위기 상황에서 느끼는 불안과 무기력 같은 부정적 감정은 더욱 커졌
다. 특히 부정적 감정이 커지는 것을 막아줄 수 있는 긍정적 감정이
줄어들고 있어서 청소년 정신건강은 향후 더 악화될 것으로 보인다.
따라서 위기나 스트레스에 효율적으로 대응하는 회복탄력성을 높
이는 것이 가장 시급하다. 회복탄력성은 통제와 예측 불가의 위기를
부정하기보다 성장의 기회로 삼는 '의미 부여'나 '긍정적 활동'을 통
해 강화된다. 따라서 청소년에게 스트레스 해소 및 심리적 트라우마
회복을 지원하는 '청소년 사회성 발달 및 스트레스 대처(회복탄력성)

프로그램' 운영과 상담 개입이 필요할 것으로 보인다.

또한 학교 폐쇄와 지역사회에서의 경험 박탈, 장기간 또래·교사와의 상호작용 및 관계 단절에서 비롯된 사회적 고립감은 사회성 발달의 지체를 초래할 수 있다.[68] 특히 또래 관계는 정신적 고통distress이나 방황을 완화해 주는, 청소년기 정신건강에 안정감을 제공하는 대표적인 보호 요인이다. 그 때문에 단절에 따른 또래 관계 결핍은 자아정체성 발달이나 사회성 발달에 큰 지장을 불러올 것이다.[69]

지금 이 문제가 해결되지 않는다면 성인이 된다 해도 상황은 달라지지 않을 것이다. 따라서 비대면 시대 청소년들의 관계 회복을 돕고, 또래와의 긍정적인 경험을 바탕으로 스트레스 조절 능력을 키울 수 있도록 다양한 심리 지원 콘텐츠를 활성화할 필요가 있다. 또한 사회적 거리 두기로 협력이나 소통이 어려웠던 점을 고려해, 청소년들이 상호작용하고 협력하는 체험 활동이나 집단활동을 제공하는 것도 효과적일 것이다.

코로나 장기화로 학교 폐쇄 기간이 길어지다 보니, 정신건강 문제의 징후가 보이는 청소년을 조기에 발견해 개입하기도 어려워졌다. 학교에 있을 때는 담당선생님이 주로 고위험 청소년들을 발견해 심리적인 개입을 진행했지만, 비대면 상황에서는 한계가 드러날 수밖에 없다. 위기청소년 발굴 및 대응에 사각지대가 생긴 것이다. 코로나 사태 이후 청소년들이 청소년상담복지센터와 청소년 수련시설 같은 지역사회 청소년안전망에 접근하기 어려워졌다는 점에서 문제는 더욱 심각해지고 있다. 지역사회 청소년안전망은 고위기청소년이나 취약계층 청소년에게 중요한 보호 요인으로 작용하기 때문에 맞춤형 심리 지원이 필요하다. 예를 들어, 코로나 이전에 우울과 불안이 높았던 청소년은 비대면 상황에서 증상이 더욱 심각해졌을 것이다. 따라서 코로나 상황에서도 가능한 비대면 상담서비스가 이뤄져야 한다.

이에 한국청소년상담복지개발원에서는 '청소년 불안·우울 상담개입 매뉴얼'과 비대면 상담 지원을 위한 '화상상담 매뉴얼'을 개발해서 전국청소년상담복지센터와 꿈드림센터에 보급했다. 2021년에는 청소년상담복지현장 전문가의 비대면 상담 역량을 강화하기 위한 '화상상담 개입 프로그램'을 개발해 상담서비스를 지원하고 있다. 앞으로 비대면 시대에 맞춰 청소년상담 1388을 비롯해 고위기 청소년에게 더 가까이 다가갈 수 있는 '카톡상담', '문자상담' 등 비대면 상담서비스 채널을 다각화할 필요가 있다.[70]

청소년상담 1388

지역사회 청소년안전망,
위기청소년 발굴·지원의 허브 기능 강화 필요

우리나라는 위기에 처한 청소년들을 조기에 찾아내고 지역 내 활용 가능한 자원을 연계해 상담·보호·의료·자립 등 다각적인 서비스를 제공하기 위한 청소년안전망이 구축돼 있다. 전국에 있는 청소년 상담복지센터를 중심으로 지방자치단체, 시도 및 지역 교육청, 경찰서, 아동보호기관, 보호관찰서, 공공의료기관 및 보건소 등이 연계되어 있다.

청소년안전망은 2006년 만들어진 '지역사회청소년통합지원체계(CYS-NET, Community Youth Safety Net)'의 새로운 이름이다. 폭력과 같은 청소년 비행의 정도가 심해지고 자살·자해와 같은 고위험 청소년 문제행동이 심각한 사회문제로 대두되고 있는데 지역사회청소년 통합지원체계의 가동은 미흡하다는 반성에서 출발해 2019년부터 개편 작업이 진행됐다. 명칭도 같은 해 7월 1일 국민들이 이해하기 쉽게 '청소년안전망'으로 변경됐다.

청소년안전망 운영은 법률상 지방자치단체장의 책무지만, 그동안은 지방자치단체 내에 전담공무원이 없어서 대부분 청소년상담복지센터에 위탁하고 실질적 관리에는 소홀한 측면이 있었다. 그런 까닭으로 정부는 2019년 5월, 지방자치단체에 청소년안전망 팀을 설치하고 지자체의 총괄 기능을 강화하겠다고 밝혔다. 모든 지자체에 청소년안전망 팀이 꾸려진 것은 아니지만, 정부는 시·도 및 시·군·구에 청소년 정책 전담공무원을 2017년 27명에서 2022년까지 500명으로 확대한다는 계획을 수립했다. 지자체 청소년안전망 팀에서는 청소년 전담공무원 중심으로 지역의 청소년 보호 정책을 수립하고, 청소년 사례관리사가 개인정보 문제로 연계가 어려웠던 경찰 등 관련 기관에서 찾아낸 청소년을 함께 지원하고 지속적인 사후관리를 한다는 계획이다.

그동안 지역사회의 위기청소년 지원사업은 기관 중심의 서비스 지원에 한정됐기 때문에 기관 간에 상호 연계와 정보 공유가 부족했다. 그렇다 보니 개별 기관이 열심히 해도 지역의 위기청소년을 꼼꼼히 찾아내고 치밀하게 사후관리까지 하기에는 한계가 있었다. 지역 내 청소년 관련 기관들이 각기 중요한 역할을 하고 있었지만 느슨한 형태로 연결돼 있어 통합적인 성과를 내기가 어려웠기 때문이다. 그 결과, 기존의 청소년상담복지센터 중심의 서비스 제공 모형은 지자체의 무관심 속에서 지역사회 내 위기청소년 지원과 사례관리의 허브 기능을 수행하는 데 한계를 보였다.[71]

앞으로 새롭게 개편된 청소년안전망 사업을 통해 지자체는 위기청소년 사례 발굴 및 연계 모형을 확립하고, 청소년상담복지센터는 고위기청소년들에 대한 더욱 전문화된 심리지원서비스를 제공할 수 있게 되기를 기대한다.

코로나19 이후 심각한 우울·불안 문제 등으로 자살·자해 충동을 겪고 있는 고위험 위기군 청소년들이 늘어나고 있다. 하지만 이제까지는 지역의 청소년상담복지센터 등 관련 기관들이 모든 활동을 비대면으로 전환하면서 이런 청소년을 적극적으로 찾아내고 지원하는 데 한계가 있었다. 앞으로 지역에서는 청소년안전망을 통해 대면과 비대면 지원 활동을 상황에 맞게 적절히 운용하면서 사각지대에 놓여 있는 청소년들을 찾아내고 지원하는 데 심혈을 기울여야 할 것이다.

여성가족부는 청소년상담복지센터, 청소년쉼터, 학교밖청소년지원센터 등 기관마다 분절적으로 운영되고 있는 정보망을 통합해 2023년까지 위기청소년통합정보망을 구축할 계획이다. 이 시스템이 구축되면 복지부 e아동행복지원시스템을 통해 찾아낸 위기청소년들도 청소년안전망으로 연계되고, 학업 중단 학생 정보, 범죄·비행청소년 정보도 연계될 계획이다. 그렇게 되면 기관 간 연계 협력이 더욱 확실하게 이뤄지고, 위기청소년들에 대한 서비스 효과도 높아질 것으로 예상한다.

포스트 코로나 시대와 회복탄력성

鵬

청소년의
마음 근력을 키우자

코로나19 사태 장기화로 대인 관계가 줄어들고 신체활동이 축소되면서 스트레스를 호소하는 사람들이 급증하고 있다. 외부 활동을 못 하고 온라인 수업을 받는 청소년들도 예외는 아니다. 지난해 한국청소년상담복지개발원이 운영하는 청소년사이버상담 1388에 들어온 상담 사례는 2019년 24만여 건에서 2020년 32만여 건으로 30.5% 늘어났다. 특히 코로나19로 비대면 일상이 장기화하면서 가족 문제는 2019년 26,938건에서 2020년 46,771건으로 73.6% 증가했고, 정신건강 문제는 2019년 62,111건에서 2020년 95,185건으로 53.2% 증가했다. 특히 가족과 함께 있는 시간이 늘면서 부모와의 갈등, 코로나 장기화에 따른 불안, 혼자 있으면서 느끼는 외로움, 아무것도 할 수 없다는 것에 따른 우울감이나 분노 등에 관한 상담 의뢰가 많았다.

또 다른 특징은 부모나 청소년 모두 비대면 일상 속에서 '인터넷과 스마트폰 사용'에 대한 걱정이 많아졌다는 점이다. 부모들은 온종일 인터넷만 들여다보는 자녀의 인터넷 중독 증상이나 위험한 사이트 접속 가능성에 대한 불안감이 높았다. 반면 청소년은 인터넷 강의만 듣다 보니 집중력이 떨어지고 학습 역량이 낮아진다는 걱정이 많았다. 머릿속으로는 해야 할 일이 많다는 생각을 하면서도 종일 휴대전화만 보면서 계획대로 학업을 해내지 못해, 자주 자기조절에 실패한다는 것이다.

코로나19가 바꿔 놓은 불안정한 일상은 청소년들의 발달 시기와 닮아 보인다. 흔히 청소년기를 질풍노도의 시기라고 한다. 청소년기에는 급격한 신체적·정서적 변화를 겪으면서 감정 기복이 심하고 불안정한 모습을 보이는데, 이 시기를 어떻게 보내느냐에 따라서 성인기의 정신건강도 달라진다. 마찬가지로 아무도 예상하지 못했던 코로나19로 우리 모두 일상의 위기와 불안정성을 겪고 있는데, 이 터널을 잘 지내야 코로나 이후의 시대를 긍정적으로 맞이할 수 있을 것이다.

사람에게는 역경을 극복하는 능력이 있는데 이를 '회복탄력성'이라고 한다. 회복탄력성은 코로나라는 끝을 알 수 없는 긴 터널을 빠져나오는 힘이 될 수 있다. 사람마다 회복탄력성이 다르다. 어린 시절 부모나 가족으로부터 헌신적인 사랑과 신뢰를 받고 자란 사람은 회복탄력성이 높다. 그렇다면 회복탄력성이 낮은 사람은 평생 부모와 가정환경을 탓하며 살아야 할까? 그렇지 않다. 청소년기 이후에도 자신의 노력과 훈련으로 회복탄력성이 얼마든지 높아질 수 있다는 것이 많은 연구를 통해 밝혀졌다.

회복탄력성을 구성하는 요소로는 '자기조절 능력', '대인 관계 능력', '긍정성'이 있는데, 이 가운데 긍정성이 강화되면 자기조절 능력과 대인 관계 능력이 동시에 향상될 수 있다. 긍정성의 힘은 심리학에서 흔히 '90-10'이라고 부르는 법칙으로도 알 수 있다. 간단히 설명하자면, 우리가 일상에서 겪는 사건들 그 자체보다 우리가 그 사건에 반응하는 방식이 우리 자신에게 더 큰 영향을 준다는 것이다. 일상의 사건 자체는 영향력이 10% 정도지만, '역경을 마주하는 순간 우리의 반응'은 90% 정도의 영향력으로 우리 인생을 좌우한다는 말이다. 역경을 긍정적으로 바라보는 것이 바로 역경을 극복하는 열쇠임을 알 수 있다.

긍정적인 정서를 높이려면 코로나19로 생긴 우울과 같은 부정적인 정서를 발산할 필요가 있다. 그러려면 부모나 보호자들은 청소년의 욕구가 무엇인지를 먼저 확인해야 한다. 우울하고 불안한 감정

밑에는 좀 더 다양한 활동을 하고 싶고 친구들과 대화하고 싶은 욕구가 있을 수 있다. 부모가 그런 욕구를 이해해 준다면 자녀들은 이해받는다고 느끼고 자신이 원하는 것이 무엇인지도 인식할 수 있을 것이다.

더불어 청소년들이 미디어 사용 시간을 조절할 수 있도록 환경을 조성해주고, 사용규칙을 쉬운 것부터 정해서 지키게 하는 노력이 필요하다. 부모와 대화하기를 힘들어한다면 청소년지원기관이나 청소년사이버상담을 이용하도록 적극 권유해도 좋다. 사춘기의 청소년들은 부모보다 또래 친구, 믿을 만한 타인과 대화하는 것을 더 선호하기 때문이다. 대면과 비대면 방식의 교육과 소통, 거리 두기와 같은 새로운 형태의 대인 관계가 '뉴노멀'로 여겨지는 시대에 잘 적응하면서 본인의 강점을 발휘할 수 있도록 청소년들에게 자기 긍정성과 마음 근력을 키워줘야 한다.[72]

역경을 이기는 힘,
회복탄력성

ㅋ은 어린 시절 부유한 가정에서 공주처럼 자랐다. 그러다 아버지의 사업 실패로 집안에 싸움이 끊이지 않았고 급기야 어머니는 도망을 가고 말았다. 어머니를 제외한 온 가족은 반지하방으로 이사했고, ㅋ은 졸지에 공주에서 거지 신세가 됐다. 방 한 칸에서 아버지, 오빠와 지내는 생활은 ㅋ을 불안하게 했다. 목욕도 마음대로 못했고, 아버지가 술에 취해 들어오는 날에는 오빠와 함께 쫓겨나기 일쑤였다.

어느 날 사건이 터졌다. ㅋ이 중학생이 되면서 오빠의 성추행이 시작된 것이다. 오빠는 아버지에게 말하면 죽이겠다고 협박까지 했다. ㅋ은 가족들 누구에게도 말할 수 없었고, 혼자서 버티다가 친한 친구에게 사실을 털어놨다. 친구는 담임선생님에게 ㅋ의 상황을 이야기했고, 담임선생님은 청소년상담복지센터에 연락해 ㅋ의 상담을 신청했다.

ㅋ은 오빠의 성추행 사실이 알려지는 것이 두려워 상담을 거부했다. 상담선생님은 ㅋ과 친해지려고 노력했고, 시간이 흐르자 ㅋ은 자신의 이야기를 할 수 있었다. 청소년상담복지센터 상담선생님은 ㅋ의 심리상담뿐만 아니라, 지역 주민센터와 연계해 경제적 지원까지 받을 수 있도록 도와줬다. 오빠의 성추행과 관련해서는 경찰에 신고해 조사를 받도록 했다.

이후에도 ㅋ은 계속해서 상담을 받으면서 중학교를 무사히 졸업했다. 지금은 자신을 도와준 상담선생님처럼 어려움을 겪고 있는 청소년을 돕는 청소년상담사가 되는 게 꿈이다.

ㅋ이 상담선생님을 만나지 못했다면 어떻게 됐을까. 자신을 온전히 신뢰해 준 상담선생님 덕분에, 자신을 표현하지 못하고 어깨를 늘어뜨리고 다녔던 ㅋ은 자신의 감정을 표현할 줄 아는 웃음 많은 아이로 변할 수 있었다. 남들 앞에서 당당하게 자신을 표현하게 된 것이다.

ㅋ처럼 가족에게 사랑과 지지를 받지 못한 아이들도 자신의 이야기를 진지하게 들어주고 함께 울어주며 공감해주는 사람을 만나면 다시 일어날 힘을 얻을 수 있다. 그래서 자신의 앞길에 대한 꿈을 키우며 오늘을 성실히 살아낸다. 마음 근력, 회복탄력성을 갖게 되는 것이다.

우리는 살면서 어려운 일을 겪고 고통스러운 상황도 직면한다. 코로나 상황도 누구에게나 예상하지 못한 고통스러운 상황이다. 이런 상황을 딛고 다시 일어나 살아갈 힘, 자신에게 닥치는 온갖 역경과 고난을 도약의 발판으로 삼는 힘, 이런 힘을 회복탄력성이라고 한다.

유난히 열악한 가정환경, 아버지나 어머니의 부재나 상실, 경제적

곤란 등으로 어려움을 겪는 청소년이 많다. 하지만 역경을 겪는다고 다 잘못되는 것은 아니다. 오히려 유복한 가정의 청소년들보다 더 성공적인 인생을 살아가는 사례도 있다. 그 이유는 무엇일까? 인생의 역경을 이겨내는 잠재적인 힘인 회복탄력성이 있기 때문이다. 위대한 인물들은 대부분 역경을 극복한 사람들이다. 역경이야말로 사람을 더욱 강하게 튀어 오르게 하는 스프링보드 역할을 한다. 개구리도 앞으로 뛰려면 반드시 뒤로 움츠려야 하는 법이다.

미국의 심리학자 에미 워너Emmy E. Werner는 하와이 카우아이 섬 종단연구를 통해 회복탄력성 이론을 정립했다. 그는 1954년 다양한 분야의 학자들과 함께 하와이 카우와이 섬에서 태어난 고위험위기군 아이들에 관한 종단연구를 했다. 연구대상자로 추려진 201명은 모두 극빈층이었으며, 가정불화가 심하거나 부모가 이혼했거나 별거 상태인 경우, 부모 중 어느 한쪽이나 둘 다 알코올 중독이나 정신질환을 앓고 있는 경우 등 매우 열악한 가정에서 자란 아이들이었다.

그런데 놀랍게도 고위험군 201명 중 72명은 별다른 문제를 보이지 않고 잘 성장했다. 이들이 어려운 환경 속에서도 훌륭한 청년으로 성장할 수 있었던 비밀은 무엇이었을까? 도대체 무엇이 미혼모의 자녀인 한 소녀가 좋은 환경에서 태어나고 자란 아이들 못지않게 사회에 잘 적응하게 만들어 준 것일까? 에미 워너는 평범하지만 위대한 사실 한 가지를 발견했다. 어려운 환경 속에서도 꿋꿋이 성장해 나가는 힘을 발휘한 아이들에겐 예외 없이 하나의 공통점이 있었다. 그것은 바로 아이의 입장을 무조건 이해하고 받아 주는 어른이 그 아이의 인생에 적어도 한 명은 있었다는 점이다. 그 사람이 부모였든 할머니나 할아버지, 삼촌, 이모, 선생님이었든 간에 그 아이를 가까이서 지켜봐 주고 조건 없는 사랑을 베풀어서 아이가 기댈 언덕이 돼준 사람이 적어도 한 명은 있었다. 바로 그 한 명이 삶의 어떤 역경에도 굴하지 않는 강인한 힘의 원동력이 되는 '회복탄력성'을 갖게 해 준 것이다.[73]

지역의 한 청소년상담복지센터 전경

회복탄력성,
어떻게 키울까?

ㅌ은 어머니가 일찍 죽고 알코올중독인 아버지와 언니와 함께 살고 있었다. 12살이었던 ㅌ은 언니를 많이 의지했지만, 언니가 집을 나가 버리는 바람에 혼자서 힘든 살림을 도맡아 하며 아버지의 술주정을 받아 내야만 했다. ㅌ은 견디다 못해 이모네 집으로 도망을 갔는데 어느 날 아버지가 찾아와서 사랑한다며 다시 같이 살자고 설득했다. ㅌ은 아버지에게서 나는 술 냄새와 붉은 눈이 싫다며 가지 않겠다고 거절했다. 그날 저녁 ㅌ의 아버지는 아파트 옥상에서 떨어져 죽었다. 장례식에서 ㅌ은 친척들에게 ㅌ이 그날 함께 갔으면 아버지는 죽지 않았을 거라는 비난을 들어야만 했다.

상담자는 ㅌ을 처음 만났을 때 깜짝 놀랐다. 이런 일을 겪었다고는 상상이 안 될 정도로 너무나 밝은 모습이었기 때문이다. 너무 큰 고통을 당한 사람 중에는 일종의 방어심리로 지나치게 밝고 긍정적인 모습을 보이는 경우가 있다. 하지만 ㅌ의 밝음은 차원이 달랐다. 학교생활을 진심으로 재미있어했고, 친한 친구도 여러 명 있었으며, 선생님들과 친구들로부터 긍정적인 평가를 받고 있었다.

상담자는 ㅌ을 상담하면서 그가 어려운 상황을 긍정적으로 견디게 해준 비결을 발견할 수 있었다. 그것은 바로 '편지'였다. ㅌ은 매일 밤 돌아가신 어머니에게 편지를 썼다. 아버지의 일, 언니의 소식, 친구와의 문제 등 모든 것을 어머니에게 이야기했다. ㅌ은 하늘에 있는 어머니가 자신의 이야기를 듣고 도와줄 거라는 믿음으로, 힘든 일들을 다 토해 냈다. 매일매일 해온 그 '편지쓰기'가 불행을 긍정적으로 해석하고 대처해 나가는 힘이 된 것이다.[74] 이처럼 긍정적이고 회복 탄력적인 사고는 습관을 통해 얻을 수 있다. 뇌가 긍정적으로 스토리텔링 하는 습관, 나에게 일어나는 힘들고 어려운 일들을 순간순간 긍정적으로 받아들이고 대처하는 습관을 들일 수 있도록 훈련해야 한다.[75] 이런 긍정적인 정서가 높아지면 스스로 행복해져서 자기 통제력이 높아지고, 자신의 행복을 타인에게 나눠주어 대인 관계 능력도 향상된다.[76]

회복탄력성을 측정하는 회복탄력성 지수는 △자기조절 능력(감정조절력 + 충동 통제력 + 원인분석력) △대인 관계 능력(소통 능력 + 공감 능력 + 자아 확장력) △긍정성(자아 낙관성 + 생활만족도 + 감사하기) 세 가지 점수의 총합으로 구성된다. 이 중에서 가장 중요한 것은 긍정성이다. 긍정성이 높아지면 자기조절 능력과 대인 관계 능력도 같이 높아진다. 회복탄력성이 높은 사람과 낮은 사람의 뇌는 역경에 반응하는 방식이 다르다고 알려져 있다.

실수에 대한 뇌의 반응 방식을 살펴보는 뇌파실험에서 회복탄력성이 높은 사람들은 실수를 두려워하지 않으면서도 자신의 실수를 민감하게 알아차리는 뇌를 가지고 있었다. 이들의 뇌는 실수를 저질 렀더라도 실수한 결과에 대한 피드백을 적극적으로 받아들이는 습관이 있었다. 반면 회복탄력성이 낮은 사람들은 실수를 두려워한다. 실수를 많이 하지는 않지만, 정작 실수를 했을 때는 민감하게 반응하지 않는다. 이는 실수를 적극적으로 모니터링하고 받아들이기보다 억누르고 무시하려는 무의식이 작동한다고 해석할 수 있다.[77]

회복탄력성을 키우려면 자신의 삶에서 일어나는 모든 일을 좀 더 긍정적으로 받아들이는 뇌가 필요하다. 코로나 상황도 마찬가지다. 무의식적으로 내가 겪는 경험에 긍정적인 스토리텔링을 더하고 기억하는 자아가 필요하다. 이는 부정적인 사건에도 긍정적으로 대처할 수 있도록 뇌의 반응기제를 바꾸는 작업으로, 이것 역시 반복된 훈련과 연습을 통해 가능하다. 나에게 일어나는 일상의 고민거리와 시련을 순간순간 긍정적으로 받아들이고 대처하는 '습관'을 들여야 한다.[78]

우리나라 사람들의 높은 자살률, 특히 우려할 만한 수준으로 높은 청소년 자살률은 역경과 어려움을 이겨 나갈 수 있는 회복탄력성이 약하다는 의미다. 이것을 극복하려면 뇌가 긍정성을 가질 수 있도록 훈련해서 회복탄력성을 높이는 것이 절실한 과제라 할 수 있다.[79]

코로나19와
청소년의 내적 성장

청소년들은 코로나19를 하나의 '재앙'으로 느낄 수도 있다. 일상의 중심이었던 학교생활이 대폭 축소되면서 수학여행이나 체험학습도 줄줄이 취소됐다. 온라인 수업은 지루하게만 느껴졌던 교과수업을 오히려 그리워하게 만든다. 학교 밖 놀이터였던 피시방, 코인노래방 출입도 자유롭지 않아서 글자 그대로 '집콕'을 해야 한다.

학습과 놀이, 관계의 단절을 재앙처럼 느끼는 청소년 그리고 이런 사회 분위기에서 청소년들의 성장을 걱정하는 어른들에게, '외상 후 성장PTG, Post Traumatic Growth'의 개념에 기대어 부정적 경험을 긍정적 변화로 만들어 낼 가능성을 제시해 보고자 한다.

외상 경험이 스트레스나 장애 등 개인에게 심리적 고통을 유발한다는 것은 널리 알려져 있다. 그러나 외상 경험으로 삶의 의미를 깊이 이해하고, 사회적 관계의 친밀성을 높이며, 자신에 대한 신뢰를 높이는 긍정적인 변화를 경험할 수 있다. 이를 '외상 후 성장'이라고 부른다. 물론 코로나19 방역을 위한 등교 정지, 사회적 거리 두기 등을 외상 경험이라고 단정 지을 수는 없다. 그러나 청소년과 그 보호자들이 불안이나 우울, 짜증과 같은 부정적 정서를 경험하고 있는 상황에서, 이에 대한 처방적 접근을 위해 잠시 '외상 후 성장'이라는 아이디어를 빌려 보려는 것이다.

외상 경험은 마음과 정신에 상처를 남기며, 삶과 일상을 촉진하고 지지하고 있던 행동과 신념을 무너뜨린다. 따라서 일상생활과 삶의 의미를 회복하려면 외상 경험을 재해석할 필요가 있다. 온갖 종류의 부정적 정서와 행동을 불러오는 외상 경험의 부정적 영향을 끊어 내되, 외상 경험을 새로운 관점에서 숙고하려고 노력해야 한다. 그래야 그 경험까지 포괄하여 대인 관계와 인생관 변화의 기반이 되는 새로운 신념 도식을 구축하는 체험을 할 수 있다. 이런 일련의 과정과 결과를 '외상 후 성장'이라고 한다.

코로나19로 생긴 단절이 친밀성 결핍이나 관계 박탈의 기억이 아니라 성장으로 이어질 수 있으려면, 청소년들이 함께 생존하는 공동체의 강인함을 느끼고 자각하게 할 필요가 있다. 온라인을 활용한 다양한 활동 프로그램으로 따로 또 같이 색다른 흥미의 영역을 즐기며, 공간적인 제약에도 불구하고 친밀한 관계를 발전시킬 수 있는 동력이 무엇인지 생각해 보는 과정이 필요하다.

상호작용의 방식이 달라졌을 뿐, 청소년들이 또 다른 시민적 정체감을 경험했다는 가정도 가능하다. 예를 들어, 코로나19 방역 국면에서 자발적으로 타인을 위해 자신의 자유를 제한한 경험은 개인의 자율성과 공동체성이 양립할 수 있다는 믿음으로 바뀔 수 있다. 이는 자유주의나 집단주의 중 어느 한 편이 아닌, 새로운 시민적 정체감의 토대가 될 수 있다. 모두가 불편함을 무릅쓰고 마스크를 착용한 것은, 조건 없는 복종을 요구하는 집단주의적 경험이 아니라 타인에게 피해를 주지 않으려는 마음에서 비롯된 자발적 순종의 경험으로 재구성될 수 있다. 이것이 '긍정적 착각'이 아닌 이유는 실제로 우리가 함께 코로나19를 극복하며 생활하는 현실에서 찾을 수 있다.

　이처럼 코로나19 상황에서 청소년들이 이전과 다르게 경험하는 사회적 관계는, 서로의 안전과 건강을 배려하는 실천 속에서 타인에 대한 신뢰가 가지는 의미를 깨달았다는 것이다. 서로의 건강과 복지에 보탬이 되는 방법도 알게 됐다. 따라서 코로나19 방역 상황에 던져진 청소년은 이전과는 다른 시민성을 자신에게 내면화시키는 성장의 기회를 얻었다고 볼 수 있다.

　이런 긍정적 변화를 이끄는 방법으로는, 외상 경험을 반추^{reflection}하게 하는 글쓰기나 마음 챙김 프로그램 등이 효과적이다. 또한 외상에 대한 일반적인 치료법에도 성장의 관점을 통합시킴으로써 외상 경험을 '외상 후 성장'으로 이끌 수 있다.

　한국청소년상담복지개발원에서는 가정에서 보호받지 못하는 청소년들을 다양한 청소년쉼터에서 보호하며 지원한다. 또한 정서행동 면에서 어려움을 겪는 청소년들이 함께 거주하면서 상담과 교육적 돌봄을 받을 수 있는 국립중앙청소년디딤센터를 운영하고 있다. 이런 시설에 모여 있는 청소년들도 방역을 위해 마스크 쓰기, 손 씻기, 피시방과 코인노래방 출입 자제 등 평소에는 지키기 어려운 규칙들을 준수하고 있다. 이렇게 행동으로 표출되는, 타인에 대한 배려를 지켜보는 것은 흐뭇한 일이다.

코로나로 생긴 학습 격차, 복지 사각지대, 고립감과 같은 심리적 문제는 지역사회와 학교가 계속해서 해결해 나가야 할 문제가 틀림없다. 더불어 코로나19 방역 조치로 모두가 겪어야 했던 새로운 경험과 기억을 청소년들이 자기 내면의 성장 동력으로 삼을 수 있도록 하는 새로운 해석과 접근이 필요하다.[80]

청소년 지원법

청소년기본법(1991년 12월 제정)

청소년의 권리와 책임, 가정·사회·국가·지자체의 청소년에 대한 책임, 청소년정 책의 기본사항을 규정하고 있다. 청소년 정책의 총괄·조정, 청소년시설, 청소년 지도자, 청소년단체, 청소년활동 및 청소년복지, 청소년육성기금 등의 내용으로 구성돼 있다. 청소년정책을 심의하기 위해 여성가족부 산하에 청소년정책위원 회를 두고 있는데, 2018년 법을 개정해 청소년정책위원회에 청소년이 반드시 일정 비율 포함되도록 규정하고 있다.

청소년복지지원법(2004년 2월 제정)

청소년 복지 향상에 관한 가정·사회 및 국가의 책임과 의무, 이를 실천하기 위한 필요사항을 규정하고 있다. 청소년 우대, 청소년의 건강보장, 지역사회 청소년통 합지원체계, 위기청소년 지원, 예방적·회복적 보호지원, 청소년복지지원기관, 청 소년복지시설 등의 내용으로 구성돼 있다.

청소년보호법(1997년 3월 제정)

청소년유해매체물·약물 등의 유통과 청소년유해업소 출입 등을 규제하고, 폭력· 학대 등 유해환경으로부터 청소년을 보호·규제하여 청소년이 건전한 인격체로 성장하도록 하기 위한 지원사항을 규정하고 있다. 주요 내용은 청소년유해매체 물의 결정 및 유통 규제, 청소년의 인터넷 게임 중독 예방, 청소년 유해 약물·유해 행위·유해업소 등의 규제, 청소년보호사업의 추진, 청소년보호위원회 등이다.

학교 밖 청소년 지원에 관한 법률(2014년 5월 제정)
학교 밖 청소년을 위한 국가·지자체의 책무를 명시하고 있으며, 학교 밖 청소년 지원계획, 실태조사, 학교 밖 청소년 지원위원회, 상담·교육·자립·직업체험 및 취업 지원체계, 학교밖청소년지원센터, 지역사회 청소년통합지원체계와의 연계 등의 내용으로 구성돼 있다.

청소년활동진흥법(2004년 2월 제정)
청소년들이 다양한 활동을 통해 기량과 품성을 함양하고 꿈과 희망을 펼칠 수 있도록 제도적 기반을 마련한 법이다. 구체적인 내용은 청소년활동의 보장, 청소년활동시설, 청소년수련활동 지원, 청소년교류활동 지원, 청소년문화활동 지원 등으로 구성돼 있다. 2014년 사설 해병대체험캠프에 참여했던 학생들이 목숨을 잃는 사고가 발생한 후 법률을 개정해 위험한 수련활동의 인증을 의무화하는 등 청소년 체험 활동의 사전 안전성 확보 및 관리를 강화했다.

아동·청소년의 성보호에 관한 법률(2000년 2월 제정)
아동·청소년 대상 성범죄 처벌과 절차에 관한 특례를 규정하고 피해 아동·청소년을 위한 구제 및 지원절차를 마련해 아동·청소년을 성범죄로부터 보호하고 건강한 사회구성원으로 성장할 수 있도록 지원하기 위해 제정됐다. 주요 내용은 아동·청소년 대상 성범죄의 처벌과 절차에 관한 특례를 비롯해 아동·청소년 대상 성범죄의 신고·응급조치와 피해 아동·청소년의 보호·지원, 성범죄로 유죄판결이 확정된 자의 신상정보 공개와 취업제한, 보호관찰 등이다.

이 밖에도 2023년 우리나라에서 열리는 세계스카우트잼버리의 성공적인 개최 지원을 위한 조직위원회 설립, 지원 및 안전대책 등을 규정한 「2023 새만금 세계스카우트잼버리 지원특별법」이 있다.

청소년 지원기관
(시설 개소 수는 2021년 기준임.)

청소년상담복지센터

청소년복지지원법 제29조에 근거해 17개 시·도 및 214개 시·군·구에 총 238개의 센터가 운영되고 있다. 시·도 센터는 14명 이상의 직원, 시·군·구는 5명 이상의 직원으로 운영하되 지역에 따라 탄력적으로 운영할 수 있다. 청소년상담사는 시·도 센터에는 3명 이상, 시·군·구 센터는 1명 이상 배치하도록 하고 있다. 지역 청소년 및 부모가 방문해 상담이나 복지 지원을 받을 수 있으며, 폭력·학대 등으로 피해를 본 청소년에게는 긴급구조, 법률·의료지원, 일시 보호 지원 등을 하고 있다.

학교밖청소년지원센터(꿈드림)

학교 밖 청소년 지원에 관한 법률에 따라 전국에 220개소가 설립 운영되고 있다. 학교 밖 청소년은 초·중학교 입학 후 3개월 이상 결석하거나 취학 의무를 유예한 청소년, 고등학교에서 제적·퇴학 처분을 받거나 자퇴한 청소년, 고등학교에 진학하지 않은 청소년을 의미한다. 학교 밖 청소년의 특성을 고려한 맞춤형 지원을 하고 있으며, 구체적으로 상담 지원, 학습 멘토링, 검정고시 지원, 직업역량프로그램 등을 운영하고 있다.

Wee 프로젝트

성적부진·학교폭력 등 학교 내 부적응 청소년의 적응력 향상을 위해 학교 안에 'Wee 클래스'라는 상담실을 설치, 학교 전문 상담선생님을 배치해 학교적응 및 심리적 안정을 위한 개인 상담 및 집단상담을 하고 있다. 지역 교육청 단위로 'Wee 센터'를 설치, 학교 안에서 해결되지 않는 어려운 문제들에 대해 지역사회 내 관계기관과 연계해 필요한 서비스를 제공하고 있다. 시·도 교육청 단위에는 'Wee 스쿨'이 설치돼 고위기군 학생 대상으로 기숙형 장기위탁 교육을 시행하고 있다.

청소년쉼터

청소년쉼터는 전국에 134개소가 있다. 의료지원·생활 지원·숙식 해결·상담 지원·진로교육지원 등을 받을 수 있으며, 흡연 예방·성교육 프로그램, 목공예와 같은 활동 프로그램 등 다양한 프로그램에 참여할 수 있다. 24시간~7일 이내 머무를 수 있는 일시쉼터와 3개월 이내 단기 보호가 가능한 단기쉼터, 3년 이내 비교적 긴 시간 머무를 수 있는 중장기쉼터로 나뉜다. 여성가족부는 청소년 보호 기간을 기준으로 분류된 쉼터의 종류를 긴급구조, 보호 지원, 자립 지원 등 기능 중심으로 재구조화하는 방안을 검토 중이다.

청소년자립지원관

일정 기간 청소년쉼터 또는 청소년회복지원시설의 지원을 받았는데도 가정·학교로 복귀해 생활하기 어려운 청소년의 자립을 지원하는 시설이다. 숙박형 생활시설을 운영하는 '생활형 시설'과 주거연계를 도와주고 자립을 지원하는 '이용형 시설'이 있다. 이 두 가지를 혼합한 '혼합형 시설'도 있다. 2021년 현재 전국에 10개소가 운용 중이다.

청소년회복지원시설

소년들의 재비행이나 탈선을 예방하기 위한 대안 가정 또는 사법형 그룹홈을 말한다. 소년법 처분 중 소위 1호 처분, 즉 보호자 감호위탁을 받은 청소년에게 부모와 가정을 대신해 상담·주거·학업·자립을 지원한다. 2010년도 경남에 3곳이 설치된 것을 시작으로 현재 전국에 15개소가 운용 중이다.

국립청소년인터넷드림마을

인터넷·스마트폰 과의존으로 정서 및 행동 장애를 겪는 청소년을 대상으로 인터넷이 단절된 환경에서 전문가의 상담, 체험 및 수련활동 등을 통해 올바른 인터넷 사용습관 형성을 돕는 기숙형 미디어 전문 치유기관으로 전북 무주에 있다. 1·2·3·4주 과정으로 운영되며, 17개 시·도 교육청의 대안 교육 위탁기관으로 지정받아 학기 중에도 수업일수 걱정 없이 참여할 수 있고 참가기록은 학교생활기록부에 남지 않는다.

국립청소년디딤센터

정서·행동 면에서 어려움을 호소하는 청소년을 대상으로 종합적이고 전문적인 서비스를 제공하는 곳이다. 경기도 용인시와 대구광역시 달성군에 있으며, 상담·치료와 특수치료(음악, 미술, 모래놀이, 통합예술 무용, 원예, 요가, 명상, 동물매개치료 등)를 제공하고 있다. 또한 대안교육 위탁기관으로 지정받아 대안교육 및 검정고시 지원을 하고 있다. 교육 기간은 1개월, 4개월의 장기과정과 4박 5일의 힐링캠프인 단기과정으로 운영되고 있다.

이주배경청소년지원센터

여성가족부는 이주배경청소년지원센터를 통해 북한 이탈·중도입국·다문화청소년과 같은 이주 배경 청소년의 초기 적응을 위해 맞춤형 정보를 제공하고, 진로·상담 지원을 통한 교육 프로그램을 운영하고 있다.

청소년비행예방센터(꿈키움센터)

법무부가 소년법에 따라 지역사회 청소년의 비행 예방을 위해 설치한 기관으로 전국에 18개소가 있다. 학교폭력 가해학생 등 위기청소년, 기소유예자 등 비행 초기 단계에 있는 청소년을 선도하기 위한 대안교육을 하고 있다.

청소년을 지원하는 사람들

청소년상담사

청소년상담사는 청소년기본법 제22조에 따라 시행하는 청소년 상담 관련 국내 유일의 자격증이다. 청소년상담사 국가 자격제도는 일반상담과 차별화된 청소년 문제를 다루는 전문 상담자를 양성하기 위해 시행됐다. 여성가족부가 주관하고 한국산업인력공단이 위탁받아 청소년상담사 자격 검정을 시행하고 있으며, 청소년상담복지개발원에서 100시간의 자격연수를 거쳐 자격증을 발급하고 있다.

청소년상담사 자격시험은 청소년 상담복지 관련 분야 학위 또는 실무경력을 가진 대상자에 한해 응시할 수 있다. 자격등급은 1, 2, 3급으로 구분되는데 1급(청소년 상담복지 분야 박사 수준)은 청소년 상담을 주도하는 인력이며, 2급(석사 수준)은 청소년 상담 관련 전반적인 업무를 수행하고 청소년을 이끌어가는 역할을 한다. 3급(학사 수준)은 2급 청소년상담사를 지원하며, 기본적인 청소년 상담 업무를 수행한다.[81] 2003년부터 2020년까지 총 18회의 자격검정이 이뤄졌으며 △ 1급 706명 △ 2급 7,558명 △ 3급 14,637명으로 총 22,901명의 청소년상담사를 양성하여 배출했다.[82]

청소년동반자

청소년복지지원법 제12조에 따라 운영되는 프로그램으로, 2021년 기준 1,354명의 청소년동반자들이 전국 청소년상담복지센터에 배치돼 활동하고 있다.

청소년동반자는 위기청소년에게 직접 찾아가 심리적·정서적 지원을 하고 더불어 지역사회 자원 연계서비스를 제공하고 있다. 이들은 중·고위험군 청소년에게

1:1 찾아가는 상담 지원 서비스를 제공해 위기 요인을 개선하도록 하고 있다. 특히 위기청소년을 위해 지역사회의 청소년 협력자원을 발굴·연계하며, 청소년과 관계를 맺고 지속적인 지원을 제공한다.

청소년지도사

청소년수련시설 등의 기관에 청소년지도사를 배치해 청소년 수련활동 및 상담 프로그램 활성화를 도모하고, 청소년이 건강하고 창의적인 역량을 기를 수 있도록 지원하고 있다.

여성가족부가 주관하고 한국산업인력공단이 위탁받아 청소년지도사 자격검정을 시행하고 있다. 한국청소년활동진흥원에서 자격연수과정을 거쳐 청소년지도사 자격증을 수여한다. 청소년지도사는 청소년수련시설인 청소년수련관, 문화의집 등에 배치된다. 청소년지도사 역량강화 및 자질향상을 위해 청소년기본법 제24조 2에 근거해 2013년부터 보수교육을 의무적으로 시행하고 있다. 2017년부터 보수교육 이수 기간은 20시간 이상에서 15시간으로 완화하고, 청소년 현장에서 유용한 과목으로 운영하고 있다. 1993년부터 2019년까지 △1급 청소년지도자 1,865명, △2급 청소년지도사 38,391명, △3급 청소년지도사 1,519명 등 총 53,775명의 청소년지도사를 양성했다.[83]

| 참고문헌 |

1   윤철경, 최인재, 김승경, 김성은(2018). 2018 학교 밖 청소년 실태조사. 여성가족부·한국청소년정책연구원. 180.

2   이기순(2020.1.2). 우리 곁에 있는 '학생이 아닌 청소년'. 내일신문. http://www.naeil.com/news_view/?id_art=336563.

3   윤철경, 최인재, 김승경, 김성은(2018). 2018 학교 밖 청소년 실태조사. 여성가족부·한국청소년정책연구원. 34.

4   윤철경, 최인재, 김승경, 김성은(2018). 앞의 조사. 20.

5   명소연, 조진옥(2016). 학교 밖 청소년의 학교 이탈과 이후 삶의 도전과 성장에 관한 질적 연구: 학교 밖 지원사업에 참여한 청소년을 대상으로. 청소년상담연구. 24(2). 75-98.

6   여성가족부, 한국청소년상담복지개발원(2019), 2019년 학교 밖 청소년 지원사업 결과 보고집. 207.

7   명소연, 조진옥(2016). 학교 밖 청소년의 학교 이탈과 이후 삶의 도전과 성장에 관한 질적 연구: 학교 밖 지원사업에 참여한 청소년을 대상으로, 청소년상담연구. 24(2). 91.

8   여성가족부(2020.12.16). 보도자료.

9   한국청소년상담복지개발원(2020). 청소년쉼터 입소청소년 및 종사자 실태조사연구. 5.

10 한국청소년상담복지개발원(2020). 앞의 조사연구. 66-67.

11 이기순(2021.5.24). '가출청소년' 아닌 '가정 밖 청소년'입니다. 국제신문. http://www.kookje.co.kr/news2011/asp/newsbody.asp?code=1700&key=20210524.22022006387.

12 이기순(2019.4.24). 스마트폰 사용습관 형성의 골든타임. 내일신문. http://www.naeil.com/news_view/?id_art=311231.

13 Tully, C. J. (2002). Youth in motion: Communicative and mobile. A commentary from the perspective of youth sociology. Young, 10(2). 19-43.

14. 15   이영선, 이동훈, 김은영, 강석영, 김래선, 최영희, 윤민지(2013). 청소년 스마트폰 중독예방 프로그램 개발. 청소년상담연구. 171: 7-8.

16   통계청, 여성가족부(2020). 2020 청소년통계. 여성가족부.

17   이기순(2019.4.24). 스마트폰 사용습관 형성의 골든타임. 내일신문. http://www.naeil. com/news_view/?id_art=311231.

18   배주미, 양재원, 조영미, 김경은, 최요한(2012). 인터넷중독 청소년 개인상담 프로토콜 연구. [KYCI] 청소년상담연구. 1.

19. 20. 21   황순길, 배주미, 김승전, 김영화, 이지영, 이종은, 김미선, 김경은(2011). 우리 아이 인터넷중독 도와주세요!!! SOS. [KYCI]교육 및 프로그램 자료. 38-40.

22   Ryan, R. M., & Deci, E. L. (2000). Self-determination theory and the facilitation of intrinsic motivation, social development, and well-being. American psychologist, 55(1). 68~78.

23   이기순(2020. 12). 코로나 블루, 그 해법 찾기 ③게임중독에 빠진 아이들. 행복한 교육. http://happyedu.moe.go.kr/happy/bbs/selectHappyArticle.do?nttId=10109&bbsId= BBSMSTR_000000005152.

24   방송통신심의위원회, 한국청소년상담복지개발원(2018). 우리 아이 건강한 미디어 사용 가이드. 13-16.

25   이기순(2019.4.24). 스마트폰 사용습관 형성의 골든타임. 내일신문. http://www.naeil. com/news_view/?id_art=311231.

26   방송통신심의위원회, 한국청소년상담복지개발원(2018). 우리 아이 건강한 미디어 사용 가이드. 35-44.

27   방송통신심의위원회, 한국청소년상담복지개발원(2018). 앞의 책. 46-48.

28   이재호(2018.11.9). 청소년 자해 3부작: '자해계' 운영하는 '자해러' 아시나요?. 한겨레21. http://h21.hani.co.kr/arti/cover/cover_general/46167.html.

29   서미(2020). 청소년 자해상담(이론과 실제). 서울: 학지사. 123.

30   서미, 김은하, 이태영, 김지혜(2018). 고위기 청소년 정신건강 상담개입 매뉴얼: 자살·자해 편. 부산: 한국청소년상담복지개발원. 40.

31   전정윤(2018.11.9). 청소년 자해 3부작: 이생망·미모션… 아이들을 자해로 이끄는 5가지 정서. 한겨레21. http://h21.hani.co.kr/atti/cover/cover_general/46170.html.

32   한국청소년상담복지개발원(2019). 청소년상담이슈페이퍼. 5·통권 제2호. 6.

33   한국청소년상담복지개발원(2019). 앞의 책. 8.

34   이선영(2018.10.6). '정서적 위기' 내몰린 초중고생 10만, '자살위험군' 주의보. 업다운뉴스.
URL: http://www.updownnews.co.kr/news/articleView.html?idxno=97659.

35   James, M. K. ·Timothy, J. L. (2020). 정서행동장애(제11판). 서울: 시그마프레스. 방명애,
김은경, 박지연, 이효신(번역). (원전은2018에 출판). 228.

36   홍정윤, 홍상황, 이수정(2019). PAI 내현화 및 외현화 2 요인 모형 검증 연구: 성인 교도소
수형자들을 대상으로. 한국심리학회지: 법. 10(1). 29-45.

37   James, M. K. ·Timothy, J. L. (2020). 정서행동장애(제11판). 서울: 시그마프레스. 방명애,
김은경, 박지연, 이효신(번역). (원전은 2018에 출판). 229.

38   James, M. K. ·Timothy, J. L.(2020). 앞의 책. 228.

39   국립중앙청소년디딤센터(2019). 정서·행동문제청소년 치료재활시설 위기개입 매뉴얼. 국
립중앙청소년디딤센터. 108~124.

40   국립중앙청소년디딤센터(2019). 정서·행동문제청소년 치료재활시설 위기개입 매뉴얼. 국
립중앙청소년디딤센터. 29-34.

41   이유림(2021). 부모 양육 태도에 따른 의사 결정 유형과 스트레스 대처방식이 청소년의 사회
문화적 태도와 외모 관리 행동에 미치는 영향. 성신여자대학교 일반대학원 박사학위 논문. 6.

42   James, M. K. ·Timothy, J. L. (2020). 정서행동장애(제11판). 서울: 시그마프레스. 방명애,
김은경, 박지연, 이효신(번역). (원전은 2018에 출판). 237.

43   씨리얼(2019). 나의 가해자들에게. 서울: 알에이치코리아. 47. 167.

44   이기순(2021.3.24). "사이버폭력 피해청소년, 너의 잘못이 아냐". 국제신문.
http://www.kookje.co.kr/news2011/asp/newsbody.asp?code=1700&k
ey=20210325.22018006396.

45   이성식(2005). 사이버공간에서의 청소년비행의 원인에 대한 경험연구. 형사정책연구, 151.

46   이해경(2002). 청소년들의 음란물, 음란채팅 중독 경험에 있어서 사회심리적 예측변인들의
비교. 청소년학연구. 9(2). 165-190.

47   서봉언, 김경식, 최성보(2015). 청소년 사이버 욕설의 영향 요인 분석: 이항 로지스틱 분석
을 활용하여. 교육사회학연구. 25. 47-68.

48 한종욱(2001). 청소년 사이버 비행자의 사회유대요인에 관한 연구. 한국경찰학회보. 3. 357-384.

49 구교태(2007). 한국 언론의 여론조사보도에 대한 언론인 인식에 대한 연구. 정치커뮤니케이션 연구. 7. 47-82.

50 조아라, 이정윤(2010). 사이버공간에서의 악성댓글 사용에 대한 탐색적 연구. 청소년상담연구. 18(2), 117-131.

51 김봉섭 외(2017). 학교폭력 예방 및 학생 생활의 이해. 서울: 학지사. 117-118.

52 한국청소년상담복지개발원(2021), 청소년상담이슈페이퍼. 6·통권 제3호. 5-6

53 이기순(2021.7.21). 학교폭력, 더 이상의 방관 안 된다. 국제신문. http://www.kookje.co.kr/news2011/asp/newsbody.asp?code=1700&key=20210721.22022005793.

54 이승현, 강지현, 이원상(2015). 청소년사이버폭력의 유형분석 및 대응방안 연구. 한국형사정책연구원 연구총서. 154.

55 이광호(2020), 아이에게 동사형 꿈을 꾸게 하라. 서울: 보랏빛소. 126, 130

56 김주환(2011). 회복탄력성. 서울: 위즈덤하우스. 129-131.

57 한국청소년상담복지개발원(2015). 이음부모교육 자녀와 동행하는 부모, 초기 청소년기 자녀를 둔 부모교육프로그램지도자 지침서. 55-56.

58 한국청소년상담복지개발원(2015). 앞의 책. 45-46.

59 김은정(2021.1.20). 코로나 발생 1년, 국민들 감염병 무감각 지수 높아. 위키리크스 한국. https://www.wikileaks-kr.org/news/articleView.html?idxno=102368

60 한국청소년상담복지개발원(2021). 청소년상담이슈페이퍼. 6·통권 제2호. 2-8.

61 권순범, 신영미(2021). 코로나 이후 취약가정 아동 청소년의 온라인 교육환경 전환에 따른 영향. 아동청소년복지 온라인 포럼.

62 Azevedo, J. P., Hasan, A., Goldemberg, D., Iqbal, Ss. A., & Geven, K. (2020). Stimulating the potential impacts of COVID-19 school closures on schooling and learning outcomes: A set of global estimates. The World Bank.

63 한국청소년상담복지개발원(2020). 청소년이슈페이퍼. 5·통권 제2호. 6.

64 통계청(2020). 한국의 사회동향 2020.

65. 66   변경진(2021.2.17). 1년의 교육 공백 100년짜리 빚이 되다. 시사IN. https://www.sisain. co.kr/news/articleView.html?idxno=43908.

67   Kousky, C. (2016). Impacts of natural disasters on children. The Future of children, 26(1). 73-92. Swell, K. H., & Gaines, S. K. (1993). A developmental approach to childhood safety education. Pediatric nursing, 19(5). 464-466.

68   이정희(2021.5.4), 코로나 학습결손보다 더 두려운 이것의 상실. 오마이스타.

69   김현수(2020), 코로나로 아이들이 잃은 것들. Denstory.

70   한국청소년상담복지개발원(2021). 청소년상담이슈페이퍼. 6·통권 제3호. 12-13.

71   정재우, 포용국가 실현의 첫걸음, 청소년안전망, 새로운 시작과 지역사회의 책무. 2020경사 연 리프트 통권 17호.

72   이기순(2021.1.21). 청소년의 마음근력을 키우자. 국제신문. http://www.kookje.co.kr/ news2011/asp/newsbody.asp?code=1700&key=20210121.22018005828.

73   김주환(2011). 회복탄력성. 서울: 위즈덤하우스. 41-57.

74   크리스토퍼 싱크, 서미, 김동현(2014). 아동·청소년을 위한 긍정상담-영성을 중심으로. 서 울: 학지사. 64-66.

75   김주환(2011). 회복탄력성. 서울: 위즈덤하우스. 80.

76   김주환. 앞의 책. 119.

77   김주환. 앞의 책. 61-79.

78   김주환. 앞의 책. 80-84.

79   김주환. 앞의 책. 222-223.

80   이기순(2021.5). 청소년의 달 특집 기고: 청소년의 달에 생각해보는 코로나와 청소년들의 내 적 성장. 한국청소년상담복지개발원. https://www.kyci.or.kr/news/2021_05/tips05.asp.

81   김기헌, 최정원, 변금선, 이종원, 이민정, 정지희(2019). 청소년 정책 재구조화 방안 연구. 한 국청소년정책연구원 연구보고서: 388~389.

82. 83   한국청소년정책연구원(2020). 정책리포트: 청소년 정책 성과와 정책 추진 방향. 39-40.

평생 중앙부처 공무원으로 일하면서 많은 법과 정책이 만들어지는 현장에 있었고 그것을 통해 사회가 변화하는 것도 직접 눈으로 보면서 나도 사회 변화와 발전에 한몫했다는 보람을 가지고 살아왔다.

호주제 폐지 당시가 기억난다. 갓 쓰고 도포 쓴 유림 어른들께서 국회의사당 앞에서 호주제 폐지는 절대 안 될 말이라며 시위했다. 그러나 2004년에 결국 호주제가 폐지됐고, 아주 많은 변화가 일어났다. 남자아이를 낳기 위한 셋째 아이 낳기 열풍이 사라졌다. 남아의 성비가 늘 높았는데 어느새 남녀출생 성비가 같아졌다. 남아선호사상은 사라지고, 거꾸로 아들보다는 딸을 선호하는 세상이 됐다.

가정폭력방지 관련 법률이 제정되던 때도 떠오른다. 가정 폭력은 집안일이 아니라 국가가 개입할 수 있는 사회적 범죄라는 인식이 널리 퍼지게 됐다. 학교 밖 청소년 지원에 관한 법률이 제정되던 때, 학업 중단 청소년이라는 낙인보다는 나름의 이유로 학교를 나온 청소년이라는, 그래서 더욱 사회가 관심을 기울여야 한다는 인식이 확산했다. 가출 청소년에서 가정 밖 청소년으로 명칭이 바뀌던 때, 자신의 잘못 때문에 집을 뛰쳐나온 청소년이 아니라 가정 폭력 등으로 가정에서 살 수 없게 된 청소년, 그래서 사회가 보호해 줘야 할 청소년이라는 인식이 우리 사회에 심어졌다.

우리 사회는 항상 통념을 기반으로 한 규범적이고 평균적인 모습을 모델로 삼아 제도를 만들고 기준을 세우려 한다. 예를 들면, 십 대 청소년은 모두 학생일 것이라는 가정, 부모는 단란한 가정에서 자녀들을 돌봐야 한다는 가정, 아이들은 누구나 가정 안에서 보호받아야 한다는 가정 등이다. 시간이 흐르면서 지금까지 우리가 평균이라고 부르던 그 모델이 평균이 아닐 수 있고 정답이 아닌 경우도 많아졌다. 그러나 우리의 인식은 여전히 현실을 따라잡지 못하고 이따금 잘못된 가정을 하기도 한다.

공무원으로 일하는 동안 사회 사각지대에 있는 여성과 청소년들을 위해 법과 지원정책을 만들면서 성폭력 피해여성, 경력단절 여성, 학교 밖 청소년, 다문화 가족들이 어떻게 살고 있을까, 우리가 만든 정책으로 도움을 받았을까, 그들의 생활은 좀 나아졌을까, 늘 궁금했다. 실제 현장에 있는 사람들을 직접 만나보기에는 시간이 부족했고, 만나지 못할 다른 여러 가지 이유가 많았다. 그래서 이들을 지원하는 시설 종사자들의 이야기를 전해 들을 수밖에 없었다.

그런데 한국청소년상담복지개발원 이사장으로 재직하면서 현장을 다닐 기회가 많아졌다. 우리 기관에 직접 상담 받으러 오는, 자살·

자해 시도 경험이 있는 고위험 위기군의 청소년들도 만났다. 힘든 청소년들은 다 우울한 얼굴을 하고 있을 것이라 생각했는데 편견이었다. 이들도 때때로 밝은 얼굴을 했고, 친구들과 웃으면서 장난도 쳤다. 미혼모 시설에 있는 한 십 대 청소년은 자신의 어려움을 솔직히 털어놓으면서, 좋은 엄마가 되고 싶다는 희망을 당당히 이야기했다. 스스로 삶을 정상화하고 회복할 수 있는 역량을 가지고 있었다. 누가 이것을 건드려 주고 각성하게 해주느냐의 문제였다.

자살 시도 직전 자기에게 가장 따뜻하게 대해 줬던 사이버상담 1388 선생님을 찾아와 목숨을 건진 청소년의 이야기도 들었다. 정말 감동이었다. 이런 이야기들을 알리고 싶었다. 사각지대의 아이들이 다 문제아는 아니다. 그들 나름대로 일어서려고 애쓰고 있다. 이런 이야기들로 잘못된 편견을 깨뜨리고 싶었다. 좋은 대우를 받지 못하면서도, 넘어진 아이들의 잠재력을 깨우고 일으켜 세우려고 헌신하는 현장 사람들의 이야기를 전하고 싶었다. 아이들 문제로 힘들어서 혼자 동동거리고 있는 보호자들에게 유용한 정보도 알려주고 싶었다. 정책과 제도를 만드는 자리에서 현장으로 나와 경험한 많은 이야기들로 우리 사회의 인식 개선에 보탬이 되고 싶었다.

30여 년간 바쁘게 일하면서 내 아이에게 좋은 엄마가 돼주지 못했다는 생각은 늘 마음의 빚이다. 특히 사춘기를 힘들게 보낸 아들의 마음을 헤아리지 못하고 공부 잘하라는 말만 했다. 자녀의 이야기를 잘 들어주는 것만으로도 반은 치유가 된다고 했는데…. 나 역시 다른 부모들처럼 내가 하고 싶은 이야기만 하는 실수를 했구나, 생각했다. 그런데 아들은 이미 성인이 됐고 시간을 다시 돌이킬 수도 없다. 나는 십 대 청소년들을 만나고 그 아이들의 이야기를 귀담아들으면서, 내 아들의 이야기를 듣지 못했던 그 시절 나의 모습을 용서받고자 했는지도 모르겠다.

인구절벽시대를 살아가는 이 시대의 부모는 자녀들을 잘 키우는 것만으로도 사회의 중요한 역할을 감당하고 있다. 내가 직접 낳은 아이가 아닐지라도 우리 사회의 아이들을 다 함께 건강하게 잘 키워야 한다. 그래야 내 아이도 잘 자랄 수 있다. 지역사회의 청소년 문제에 관심을 기울이는 것은, 내 자녀뿐 아니라 지역과 사회의 아이들이 함께 성장할 수 있는 지역 상생 공동체를 만드는 소중한 일이다. 아이들을 함께 키우는 사회, 조금 처지고 힘든 아이들을 보듬는 사회, 그래서 건강한 공동체성을 회복해 나가는, 살 만한 세상이 됐으면 좋겠다.